手把手教你找工作

储殷 著

中国画报出版社·北京

图书在版编目（CIP）数据

手把手教你找工作 / 储殷著. -- 北京 : 中国画报出版社, 2025. 5. -- ISBN 978-7-5146-2526-4

Ⅰ. C913.2-49

中国国家版本馆CIP数据核字第2025JK5184号

手把手教你找工作

储殷 著

出 版 人：方允仲
责任编辑：郭翠青
特约编辑：黎福安
封面设计：仙　境
责任印制：焦　洋

出版发行：中国画报出版社
地　　址：中国北京市海淀区车公庄西路33号　邮编：100048
发 行 部：010-88417418　010-68414683（传真）
总编室兼传真：010-88417359　版权部：010-88417359

开　　本：16开（710mm×1000mm）
印　　张：17.5
字　　数：215千字
版　　次：2025年5月第1版　2025年5月第1次印刷
印　　刷：北京雅图新世纪印刷科技有限公司
书　　号：ISBN 978-7-5146-2526-4
定　　价：58.00元

CONTENTS

目录

第四章　简历：写不好这页纸，再厉害的人也容易被淘汰

第五章　笔试：考验硬功夫，但也有套路

第六章　面试：高手教你如何扬长避短

第七章　初入职场：如何快速成长，少走弯路？

第八章　跳槽：人人都要面对，重在做好准备

第九章　法律：职场“老法师”必须懂得的武器

第十章　工伤与职业病：愿你了解，但愿你永远不要经历！

第十一章　信息安全：敏感信息识别与防护全攻略

第十二章　薪资与福利：看似简单，实则满是学问

第一章

准备

健康的心态是求职成功的第一步

一、求职的第一步，先看清楚自己的“成色”

小李是一名即将毕业的大学生。与大多数迷茫的大学生一样，小李从未有过明确的职业规划，对自己的能力和水平也没有清晰的认知。在大学期间，小李的成绩属于中等偏上，但他并没有特别突出的技能或特长。他喜欢阅读各种书籍——从文学到历史，从科学到哲学，但这些都只是他的爱好，并没有转化为实际的技能。毕业季到来，小李开始意识到自己需要找工作了。

然而，当他开始浏览各种职位和招聘要求时，才发现自己好像什么都能做，但又好像什么都不擅长。他不清楚自己的优势和劣势在哪里，也不知道自己应该朝哪个方向努力。小李开始投递简历，但他并没有针对每个职位进行特别的准备。小李认为自己的综合素质不错，但面试的结果并不理想，失败了几次后，他开始感到焦虑和迷茫。他不明白自己为什么总是得不到面试官的认可，也不知道应该如何提升自己的能力。看着周围的同学基本都找到了工作，小李越来越焦虑了。他该怎么办呢?

相信像小李这样的同学不在少数，在毕业时处于迷茫之中，没有调整到求职的状态。找工作只是因为要毕业了，其他同学已经找到工作了，或者是家长开始催促了，到了要找工作的时候才进入求职的状态。

在这种状态下，不论对于工作这件事，还是自己目前的能力水平以及求职意向，很多学生都没有清晰的认知，这就导致他们在找工作时迷迷糊糊，海投简历，疲于应付各种笔试、面试，但结果往往不尽如人意。就算运气比较好，找到了一份工作，往往也不那么称心如意。所以，求职的第一步就是要看清楚自己的“成色”，清晰地了解自己的基本状况，明确自己的求职目标，这样才会在之后的求职之路上事半功倍。

“锚定”自己的求职底线

找工作，除了所谓的情怀、兴趣和职业发展等因素，最重要的一个指标就是薪酬。在法律允许的范畴内，最低能接受多少工资，其实就是我们求职的底线。说到目标薪酬或者理想薪酬，一定要从官方的统计数据来看。

2023 年，全国居民年收入的中位数在 33000 元左右，月平均收入的中位数不到 3000 元，其中城乡收入差距巨大，哪怕在北京、上海这样的超一线城市，月工资的中位数水平大致也就 1 万元。因此，如何正确定位自己的薪酬底线，对我们来说不是简单拍拍脑袋就能决定的。

那么，如何锚定我们的求职底线呢？是去问问师兄师姐们的工资水平，还是去查查求职意向城市的居民平均收入水平？虽然这些方案都是可以考虑的，但对初入职场的新人而言，却不是最重要的。

找工作最重要的底线是——这份工作到底能不能养活自己！

养活自己不外乎吃穿住行，在不额外借贷或向家里寻求帮助的前提下，自己的收入是否能够覆盖房租、伙食费、通信费、日常娱乐费用等。具体情况具体分析，结合自身及家庭条件，算出自己可以接受的最低工资（需要注意，这个最低工资是税后到手的收入，需要扣除个税及五险一金），在这个基础上，才可以做下一步的判断。

比如我的一个学生，在北京没有房子，所以必须租房。在北京石景山区，普通的房子，合租费用也在1500元左右，日常的餐费大概是1800元，其他的如通勤、购物、社交等费用，按照最低标准计算，一个月也要2500元，这样核算下来，他能够接受的最低到手工资就是5800元，那么目标薪酬应该至少每月7000元。但另一个家在北京的学生，他决定找离家近的工作，房租和餐费就能省下不少，他的薪酬底线就可以降低到3500元左右。在这种情况下，他的选择就非常宽泛了。

确定好底线，接下来需要弄清楚的就是择业以及发展的问题了。

职业生涯规划

锚定好职业“底线”后，就可以进行职业生涯规划了。现在的社会发展和信息科技的进步给予了年轻人更多的试错机会，虽然第一份工作重要，但并不会限制你未来的就业选择。很多人在找工作前根本不知道自己喜欢或者适合什么样的工作，也可能工作了一辈子都没有找到真正适合自己的工作。不要因为怕第一份工作找得不好或不合适，就不去尝试了，这是最大的误区。在找工作前，只需要明确几个大的问题，就可以行动了。

（1）是否真的需要赚很多钱？如果是，那么去做销售业务员就是最好的途径（当你的学历和专业不符合金融或者互联网企业时）。当你急需用钱，有需要赚钱的动力时，所谓的性格内向和“社恐”都不是理由，急需赚钱的内驱力会让你克服所有的主观障碍。

我有一个研究生学生，非常优秀，我认为她会在毕业后进入机关单位并能取得很好的发展。小姑娘平时很内向羞涩，擅长事务性工作，交给她的事情都能有条理地完成，上学期间也基本没有太多的社交活动，除了在自习室看论文，就是在宿舍刷剧、看综艺。由于前两年家中突遇变故，急需用钱，她决然地南下上海做了一名地产经纪人，听说只用了几个月时间就做得非常好。

（2）是否注重个人成长？如果是，各类乙方公司、培训机构都是不错的选择。渴望成长意味着要在有专人指导的情况下短时间内做大量的准备及实操类工作。

在这类公司一年能接触的业务量会是甲方单位的好几倍，可以真正实现工作一年获得三年工作经验的“奇迹”。

（3）是否寻求稳定？如果是，那么考公考编、教师岗位，以及央国企是你的第一选择。在当前的就业大环境下，大家都想稳定，以获得确定感和掌控感，因此这类工作和一些互联网类的高薪工作类似，要么准入门槛很高，需要极强的专业能力；要么竞争激烈，千军万马过独木桥。要以这类工作为目标，需要提前很久进行准备，包括知识层面、应试（面试）层面等，还需要一定的运气。

（4）是否想要灵活的上班时间？如果是，那么除了销售业务员，新兴的与互联网、自媒体相关的岗位会很适合你。但不推荐毕业后就自主创业，除非你在第一个问题中的答案是1000元以下，也就是哪怕不工作你也没有任何生活压力，其他情况下，自主创业的选项约等于浪费了最宝贵的成长时间获得一些所谓的（失败）经验。新兴的工作岗位很符合年轻人的作息时间，虽然收入不稳定，但可以作为过渡和经验的积累，这类工作最大的问题是职业化训练不足。

以上这些问题可以帮助我们选择职业的方向，但具体的职业选择和生涯规划，仍需专业科学的工具帮助我们，这就是很多企业和个人都在使用的职业匹配测试。

职业匹配测试

给大家推荐几个比较常用且信度、效度较高的测评工具，大家可以在求职前综合这些测评的结果以及个人的倾向选择适合自己的职业岗位。

1. 霍兰德职业兴趣测验（简称 HVIB）

该测验是由美国著名职业指导专家约翰·霍兰德开发的一种职业兴趣测评工具，旨在帮助个人了解自己的职业兴趣，并与不同职业领域进行匹配。个人职业兴趣特性与职业之间应有一种内在的对应关系。该测评工具共分六个维度，构成了RIASEC模型，即现实型（Realistic）、研究型（Investigative）、艺术型（Artistic）、社会型（Social）、企业型（Enterprising）和常规型（Conventional）。测评问题涉及个人的活动偏好、技能、价值观和职业目标等方面。

通过对答案的分析和比较，测试结果将会给出一个或多个最匹配参与者职业兴趣类型的结果。每种职业兴趣类型都代表了一组特定的职业倾向和兴趣特点。例如，现实型的人喜欢从事实操性强的工作，如机器操作等生产车间类的工作等；研究型的人喜欢从事需要分析、实验和观察的工作，如科学领域的工作等；艺术型的人喜欢从事创造性的工作，如音乐、美术、文学、戏剧等；社会型的人适合与人打交道，可从事服务性工作，如教师、社会工作者等；企业型的人喜欢指导和组织，可从事政治和社会活动组织类的工作；常规型的人喜欢按照规定和程序办事，可从事出纳、文员等工作。

霍兰德职业兴趣测验从开发到现在已经有 70 多年的时间，这个测评工具也随着社会发展和职业岗位变化而在不断更新，目前最新、最准确的测验可以到霍兰德测验的官网体验，同学们可以通过该测评工具了解自己的职业兴趣类型，并根据这些类型在择业时选择与自己兴趣和能力相匹配的职业。

2. DISC 职业性格分析工具

该测验是美国心理学家沃尔特·克拉克根据威廉·马斯顿的行为理论所制定，旨在帮助个人和组织了解个体的行为风格、沟通方式以及与他人互动的方式。DISC 基于四个基本类型：支配性（Dominance）、影响性（Influence）、稳定性（Steadiness）和服从性（Compliance）。这四个字母代表了四种不同的行为特质和倾向。

支配性（D）：这种类型的人通常是决断力强、果断、自信的领导者。他们注重目标和结果，倾向于控制局面并推动事情向前发展。

影响性（I）：影响性的人善于社交，乐观、热情，并具有很强的说服力。他们喜欢与人交往，擅长激励他人，并寻求他人的认同和赞赏。

稳定性（S）：稳定性的人通常是友好、有耐心、可靠且善解人意的。他们注重细节，喜欢稳定的环境，并倾向于避免冲突。

服从性（C）：服从性的人通常是谨慎、准确，注重规则和程序的。他们喜欢分析事实和数据，并倾向于按照既定的规则和程序来工作。

和大五人格、16PF 等性格测评工具旨在对个体性格特征进行分类不同的是，DISC 测评工具通常通过一系列问题和情境来评估被测试者的行为风格和偏好。这些测评项目通常简短易懂，适用于各个学历层次的人群。测试结果为一个或两个主导的行为类型，并可能包括一些次要的或混合的类型。这些结果可以帮助求职者了解自己性格和行为风格上的优点和缺点，找到适合自己的职业发展方向和路径。

3. 行动中的价值观优势（24 项）量表（简称 VIA）

该测验是著名积极心理学家马丁·塞利格曼结合自己的幸福理论所开发的，旨在帮助人们识别和培养自己的性格优势，选择符合自己性格优势的职业，以促进个人的整体幸福感和工作满意度。VIA 测验包含了 24 种被广泛认可的性格优势，这些优势被分为六个维度：智慧、勇气、仁慈、公正、节制和超越。

每个类别下又细分为多个具体的优势，如智慧与知识类别下包含好奇心、爱学习、洞察力和创造力等。在 VIA 测验中，参与者需要回答一系列问题，以评估他们在各个优势领域的表现程度。这些问题可能涉及个人的行为、态度、价值观等方面。通过对这些问题的回答，测验可以生成一个详细的报告，展示参与者在各个优势领域的得分和排名，以及他们的优势分布情况和潜在的发展领域。

不同于一些常用测验，VIA 测验目前在企业中应用并不广泛，但对于个体发展和个体主观体验的提升更加有帮助。首先，VIA 测验有助于个体深入了解自己的性格优势和特点。通过认识自己的长处，个体可以更加清晰地看到自己的职业倾向和潜力，为未来的职业规划提供有力依据。

了解自己的优势后，个体可以更准确地找到与自己性格优势相匹配的职业领域。这不仅可以提高工作满意度，还有助于个人在职业生涯中取得更好的成就。其次，基于 VIA 测验的结果，个体可以设定更加明确和具体的职业目标。这些目标基于个人的优势，因此更具可行性和激励性。同时，该测验还可以帮助个体识别自己在职业发展中的潜在领域。通过关注和发展这些领域，个人可以不断提升自己的职业能力，为未来的职业晋升和转型做好准备。通过了解自己的优势并将其应用于职业生涯中，个体可以获得更多的满足感和成就感。这将有助于增强个人的整体幸福感，使职业生涯更加充实和有意义。

做好求职前的自我探索，接下来就要开始调整求职心态了。求职是努力的结果，也需要缘分的水到渠成，不要过分低估自己的实力，让自己在求职前就低人一等；也切莫高估自己，眼高手低，处处碰壁。

二、 调整心态，正视自己

小赵是一名即将毕业的大学生，他自小成绩优异，备受家人和老师的称赞。大学期间，他更是努力学习，成绩始终名列前茅，也因此自视甚高。临近毕业，小赵着手准备求职。他自信满满地认为，凭借自己的优异成绩和出色能力，一定能够找到一家顶尖的公司。于是，小赵只向一些高薪岗位投递简历。他精心制作了一份自认为非常完美的简历，投递给了多家知名企业。

然而，面试邀请却迟迟没有来。小赵并没有在意，他认为是那些公司没有认识到自己的价值，不够慧眼识珠。终于，有一天，小赵收到了一家公司的面试邀请。他兴奋地准备笔试和面试，到了面试当天，其他竞争对手的高学历和丰富履历让小赵备受打击，在面试时答非所问，结果当然非常不好。小赵因此一蹶不振，决定先准备考研，拖延一下自己找工作的进度。

很多毕业生在找工作前，并没有调整好预期和定位，而是简单地将职场和“考场”画等号，将自己在校园中的经历带到实际的求职场景中，对自己在职场中的定位产生误判。同时，现在的大学生有自己固定的信息获取通道，这些通道往往是社交软件，智能化、数据化的信息推送，会产生信息茧房，使大家的认知产生偏颇，从就业角度来说，就会产生过度自信（看到诸多网友晒自己上岸或者是高薪职位）、过度焦虑（自媒体鼓吹经济形势恶劣，失业率高）或过度自卑（看到很多网友表达自己高学历却无法找到合适的工作）。这些同质化的信息是社交媒体经过算法推送给个人的，同时也会让大家产生认知偏差，从而造成求职者心态的失衡。那么，我们应该如何去做呢？

莫要高估自己，懂得判断“求职大军”的整体素质

首先，我们需要了解现在整体的就业情况。从整体来看，前几年校招季其实过于疯狂，这种疯狂是互联网等行业大肆扩张所致，甚至出现了工资倒挂的现象，这并非常态。随着经济下行周期的到来，各个行业都受到了不同程度的影响，无论是校招的岗位数量和质量，还是薪资，都有不同程度的下降，但一些基础类岗位（薪酬较低）依然存在大量空缺，这就出现了一种并非找不到工作，而是找不到“好工作”的现象。纵观现在的就业市场，是一种疯狂过后的疲惫期，过去比较容易能找到不错的工作，现在却需要很优秀才能找到。按照以往经验，眼高手低，过分高估自己，很可能会碰一个大钉子。

对于大多数本硕应届毕业生来说，不论你的专业、学校或是在校经历有多好，在企业眼中都如同白纸一样，根本不具备完全胜任岗位的能力，可以说企业校招，更多的是在投资未来，投资大家未来的可能性。过往的辉煌只能够证明你在校园里的成功，只能够作为求职的敲门砖，没有很好

准备笔试、面试，依然没有任何竞争力。

和我关系很好的一个本科学生，研究生读了其他专业，在本科的时候就立志要进入快消品行业成为管培生，因为本科专业不符合，他跨考了某985大学和营销相关的研究生。在读期间，他在雀巢、宝洁等公司实习，为面试、笔试准备的材料多达几万字，最终他成了西安杨森的管培生。可以看到，他并没有因为毕业学校的光环就认为自己一定能够应聘成功，而是为此付出了两年左右的努力，能力是需要有人相助才能够发挥出最大作用的。

按照近些年的发展趋势，优质岗位逐年递减，优秀的人才却随着本科和研究生的扩招有井喷的趋势，各种面试经验和求职经验分享让有准备的同学更加具备竞争力。应届生在求职时面临的竞争也空前激烈。

与此同时，现在的学校越来越注重学生综合素质的培养，除了专业成绩，他们还积极参加各种社会实践、志愿服务和社团活动，提升自己的领导能力、沟通能力和团队协作能力等。这些综合素质的提升，使得学生在职场中更具竞争力。在这个科技迅速发展的时代，创新能力成为现代社会对人才的重要要求。许多学生在学校通过参赛等方式训练自己的商业能力，毕业时就具备基本的创新思维和创业精神，能够勇于尝试新的方法和思路，这些在求职时都是非常具有竞争力的。因此，应聘时需要具备的各方面能力及技能都需要提前准备，这不是一个可以随便糊弄一下就能解决的问题。

别低估自己，你真正的竞争对手也许没有那么多

过分低估自己可能导致自身缺乏自信，对自己的能力和价值产生怀疑。这种不自信可能会让大家在面试中表现得紧张、拘谨，甚至无法充分展示自己的能力，哪怕准备充分也会发挥失常。由于对自己能力的低估，应届生可能会错过一些原本适合自己的工作机会。

有人可能会因为害怕失败或觉得自己不够资格而主动放弃申请，从而错失了展示自己的机会。最糟的是，他们可能会因为缺乏自信而错过机会，又因为错过机会而更加低估自己，从而形成恶性循环。这种负面循环可能会让大家习得性无助，最终逃避就业，逃避求职，严重的情况甚至会产生一些应激创伤，一想到要去找工作就产生胃痛、头晕等躯体化症状。

前面说过，目前就业竞争空前激烈，但这个激烈仅限于一些看上去非常优质的企业岗位，例如互联网大厂、金融企业、AI 领域相关的企业、央国企等，大多数中小企业为应届生提供的岗位数量及质量还是可以的，找一份“不那么差”的工作其实并不难，不需要过度焦虑。

与此同时，大家需要清楚一点，虽然整体就业市场竞争激烈，但具体到某些岗位，特别是一些看似需要有报名门槛的岗位，你真正需要面对的竞争对手并没有那么多，而且可能会“惊喜不断”。

我朋友的妹妹前两年毕业，是二本医科类院校的影像技术专业，因差了几分没有考上研究生，就开始全国各地海投简历，她的起点可以说比较低了，当时我还受托帮忙进行内部推荐。小姑娘自己非常努力，同时也非常幸运，通过了某一线城市的区疾控中心的笔试，在面试后综合成绩排名第三，因为只招一个人，她就开始准备其他岗位的笔试面试了。

结果，就在她准备出发去另一个城市面试时，接到了疾控中心的电话，她被录取了，原因很简单，排在她前面的两个人都拒绝录用，去了他们认为更好的岗位。现在小姑娘获得了编制，解决了户口，工作顺利，也在当地成家立业了。听到她的故事，我们都感叹小姑娘运气实在是好，但是剥离运气的成分，她自己勇敢尝试、敢于挑战看似不可能成功的岗位，面对每一次机会都积极准备，全力以赴，这些可控的因素才是她最后可以把握住运气这个不可控因素的前提。

所以，不要低估自己，勇敢去尝试各种机会，做好充分准备，你的竞争对手可能没看到这则招聘启事、可能会发挥失常、可能压根儿没好好准备，甚至可能会放弃这个岗位。不要在尝试之前就选择放弃，你的竞争对手没有你想象的那样不可战胜，你的目标岗位也没有你想象的那样遥不可及。

你在求职，“职”也在求你，对于雇主，既不能仰视，也不要俯视，要平视

找工作的过程其实和相亲非常相似，不要因为对方是大企业就战战兢兢，自惭形秽，也不要因为对方是不知名的小公司就嗤之以鼻，不屑一顾，在确定雇佣关系的过程中，双方是绝对平等的。大家都把自己的条件摆出来，把自己的需求讲清楚，看看双方是否可以匹配，我有找工作的需求，你有招人的需求，这是需求之间的碰撞。求职其实就是一个双向奔赴的过程。

当非常想要进入某家企业时，就会不由自主地仰视对方，这些都可能导致自卑心理。在求职过程中，我们过分强调企业的优点、名声和已经取得的成就，而忽视自身价值时，就会感到自己无法与之相提并论。这种自卑感可能会影响自信心和自尊心，使我们在面试时感到不安或紧张，根本无法发挥出正常的水平。

还记得我刚毕业时去面试的第一所学校，那是我非常想去的大学，我在试讲和面试之前做了非常充分的准备，因为觉得这个大学太好了，我甚至产生了自己是否有资格进入这所大学任教的怀疑。现在回忆起来，那天天气非常糟糕，试讲的教室非常昏暗，我至今也无法确定真实的情况就是如此，还是因为紧张导致我出现了认知上的错乱，总之发挥得非常糟糕，结束试讲后我知道自己肯定不行了，不出意外，我没有应聘成功。

在走出那个学校的一刹那，不知道什么缘由，我顿悟了：我没有应聘成功，这不是我的损失，而是这个学校的损失，他们失去了我这样一位优秀的老师。正是这一次顿悟，让我在之后的应聘过程中一直抱着“愿意招我是对方的幸运”的心态。果然，在后面的试讲和面试过程中我发挥得非常出色，拿到了好几份录取通知书。调整好心态，不要惧怕失败，找工作比高考、考研要简单得多，它不需要你用一年的时间去承受失败的结果，这个公司不行就去找下一个。对自己保持信心，求职失败不是你的损失，而是企业的损失，因为他们失去了一位优秀的员工。

平视相待，不分轩轾，在求职过程中，对于招聘的企业，不论规模大小，都需要保持开放的心态，对每个招聘企业都给予尊重。即使这家企业规模不大，或者不是你心目中的首选，也要认真准备，在与企业招聘专员的沟通过程中展现出你的专业素养和积极性。找工作时我们可以广撒网，海投简历，在没有完全确认自己的工作岗位前可以先不回复企业，甚至可以在拿到保底录取通知书的情况下继续海投（前提是没有答应对方一定会入职），直到找到自己心仪的工作为止。

我们可以在拿到录取通知书的情况下拖延，但不能轻易给予企业承诺，更不能出现和企业招聘专员断联的情况，有任何变化尽量第一时间联系已经给你发录取通知书的企业招聘专员。否则，这类失信行为可能会影响到企业后续对你们学校其他毕业生的看法。

明确了目标，做好了充分的心理准备，是否就万事俱备了呢？其实不然，有一件事情如果没有提前做好的话，严重时可能会直接断送你的职业生涯。

三、 你真的了解目标雇主吗?

小李是某名校的硕士应届毕业生，怀揣着满腔的热情和对未来的憧憬，迫不及待地投身于求职的浪潮中。在秋招的校园招聘会上，小李被深圳一家科技公司所吸引。该公司的招聘摊位布置得十分精美，宣传资料上展示了一系列高科技产品和光鲜亮丽的办公环境，招聘专员给出的薪资待遇和福利条件也十分诱人，让小李心动不已。在短暂的交流后，小李决定投递简历并参加该公司的面试。

面试过程十分顺利，小李凭借扎实的专业知识和良好的表达能力，成功获得了该公司的入职邀请。然而，由于急于找工作，他并没有对公司的真实性进行深入调查，便迫不及待地与该公司签署了三方协议，并在处理好毕业论文后去了深圳，开展岗前实习工作。入职后，小李发现公司的情况与他之前了解的大相径庭。首先，公司的办公环境很一般，与宣传资料上有很大差距；其次，公司的管理制度混乱，员工之间缺乏沟通和协作，他的主管领导更是经常因为一些小事对他劈头盖脸地责骂；最后，他所做的工作也非常基础单调，任务繁重却无任何技术含量，和面试时商定的内容完全不一样。他非常失望，于是提出了解除三方协议的要求，但公司明确表示，按照合同所示，解除三方协议恢复应届生身份需要缴纳 5000 元违约金。小李感到非常震惊，知道自己受骗了，他联系了当地的社区居委会、劳动仲裁部门等，因为合同协议均合规，所以这些部门也无法受理他的申诉。为了不耽误春招，他只好缴纳了违约金，换回了自己的三方协议，还没有入职，就先亏了好几千元，小李非常气愤，却也无可奈何。

小李的遭遇不是个例，幸运的是他仅仅付出了违约金和路费的代价，很多同学在毕业后从事的第一份工作不但赔光了自己和家人的财产，甚至还会面临牢狱之灾。因此，在入职之前，借助现在发达的信息网络，充分了解雇主信息就非常重要了。想要提前了解雇主信息，以下方法和途径可以参考。

1. 公司官网

访问公司的官方网站，了解公司的历史、业务范围、文化、价值观，以及组织结构等信息。这是最直接的方式，因为公司通常会在自己的网站上展示其最好的一面。除了网站内容，还可以关注网站的设计、内容更新频率等。一般来说，营收不错的企业很注重官网和官方公众号的运营，内容更新会比较快。另外，也可以关注一下更新内容，如果以企业的项目内容为主，说明企业注重实干；如果大多围绕企业的领导，且多以浮夸的角度编写，那么这家企业的文化可能更注重形式。

2. 在线评价网站

访问在线评价网站，查看前员工对公司的评价、薪资水平、面试经验等信息。这些网站通常会提供相对真实和客观的反馈，一般来说，都是在职员工或离职两年以内的老员工匿名提供的对公司的评价，这些评价通常包括公司的文化、管理、福利、工作环境等，能够帮助大家更全面地了解公司的实际情况。也有人提供公司的薪酬水平、薪酬结构等信息，帮助用户了解该行业的薪酬水平和自己的薪酬定位。还会有人分享面试经验，包括面试流程、面试问题、面试官态度等方面的内容，有助于大家更好地准备面试。

3. 利用在线工具

使用专业的网络商业查询平台，查看公司的股权结构、注册资本、经营状况、企业性质、人员规模等信息。特别关注企业的主要股东、负责人的情况，看他们名下的公司数量及运营状况。一般来说，名下公司过多，且股权结构单一，注册资本和实缴资本差距过大的，都需要多加注意。另外，可以在这些网站上查到与公司有关的法律诉讼数目，尤其需要注意的是劳资纠纷和债务信息。更加具体的，可以在中国裁判文书网上搜索公司的诉讼纠纷记录（尤其是劳资纠纷），以了解公司是否存在用工不规范的情况，以及当前运营状况是否存在问题。

4. 社交媒体和求职社区

可以在社交平台上，以及一些求职类的网站和论坛搜索与公司相关的关键词条，查看其他用户对公司的评价和反馈，以了解公司的工作氛围、企业文化等。一般来说，社交媒体是偏个人情感表达的空间，大家更倾向在这些平台吐槽以引发共鸣，获得认同，所以对于企业来说，负面的评价通常会比较多，甚至会放大一些企业的不足。这些评价可以帮助我们了解企业的另一面，但不需要作为主要的参考，除非是一些比较敏感或存在风险的问题，如果遇到这样的评价，需要谨慎判断，通过其他途径了解之后再做决定。

5. 其他网络途径

通过搜索引擎查找关于公司的新闻报道、文章、论坛讨论等，可能会提供一些公司内部的消息或员工的不满。但要注意，网络上的信息可能存在偏见或误导。还可以关注与公司所在行业相关的网站和公众号，如虎嗅网、36氪等，这些平台通常会发布与公司、行业相关的业内评论和深度分析。

6. 实地考察

如果条件允许，可以先去目标公司实习，或者直接前往公司进行实地考察，通过参观或者从旁观察的方式了解公司的实际办公环境、员工的精神状态等。

工欲善其事，必先利其器。在求职前确定求职目标，调整好心态并了解清楚目标企业的概况，是我们求职的最基础保障，在这个过程中我们投入的时间和精力也会成为我们行动的动力。在后续的篇章中，我会更加细致地为大家介绍应聘时应注意的事项。

除了像前文中小李那样的遭遇，在求职过程中还可能遇到以下隐形的问题。

1. 基础薪资低、少上社保

有的公司会在合同上把基础薪资写得特别低，其他的薪资通过报销等方式来发放。公司的理由是，这样可以帮你避税，可以少上社保，而剩下的钱都是实际到手的。有很多员工也非常乐意配合这种行为。

首先，以虚假报销代替部分劳动报酬，是逃税的违法行为。此外，当公司开除你的时候，那么不管是“N+1”的补偿，还是其他形式的补偿，也都是按照合同上的薪资数额去执行的。

如果公司后续给你降薪，只需要不让你报销，那你的实际待遇便降到劳动合同上约定的基础薪资了，而且从法律层面来看的话，他并没有违反合同的规定。

2. 承诺很多，但不能落实在纸面上

记住一点：口头承诺是不具有任何法律效力的，想反悔也是随时的。比如，业绩提成，每年的薪资涨幅，不论公司在你入职时如何承诺，只要没有落实到纸面上，最好别当真。

3. 业务擦边或灰色，或者干脆违法

如果公司的业务明显违法，那千万不要犹豫，赶紧在保证自身安全的情况下，有多远跑多远。比如通过恐吓、威胁、哄骗、骚扰、非法获取个人信息等方式进行债务催收，或者包装成正常业务，但本质上是传销或与传销相关（例如给传销集团供货）。这些问题通常没那么快被发现，可能工作一两个月才察觉，建议在保证自身安全的情况下尽快离开。这种公司出事是早晚的，千万不要被眼前的收入迷惑了眼睛。

此外，向相关部门举报违法犯罪行为是每个公民的义务，鼓励大家在保障自身安全的情况下，与违法犯罪行为坚决作斗争。

4. 财务、法务、风控：领导有明显不合规的要求让你执行

财务和法务都属于高风险的岗位，这个岗位不是说你做的业务容易出错误，而是说领导有可能会让你去执行一些不合规的任务，比如让财务做假账，让法务做阴阳合同。或者搞一些奇奇怪怪的、明显不合法不合规的事情，比如美工，让你用软件处理公章的；比如销售，让你进行销售误导甚至欺诈行为的。

首先要提醒大家的是，公司犯罪是可以处罚主要领导和直接负责人的，所以不要抱什么侥幸心理，觉得一切都是领导指挥的，我按领导的要求办事，我没有错，是领导的错。

如果领导明确提出了这种要求，要求你做这做那，甚至是强迫性的，那么该拒绝就拒绝，该辞职就辞职，该跑就跑。

如果你就职的岗位跟财务、法务和风控不相关，那你就盯着这几个部门。如果一个公司法务或者财务部门的离职率特别高，那么这里面是否存在其他的问题，你就应该注意一下了。

5. 动不动向员工集资，或者要求员工向家属销售商品的

若遇到这种情况，就需要谨慎判断，是否属于类似传销的业务模式。正常情况下，普通员工是不太可能承担大量销售任务的。如果公司明确要求向家属或亲戚推销产品，那公司的盈利模式就需要好好思考一下了。

还有一些公司会向员工集资，声称去投资新项目或发展新业务，前景

十分看好，并承诺了一些高额的回报，这种情况也需要注意。

因为“投资”是有可能亏损的。公司说的回报其实只是一个预期的回报率，不是签到合同里的固定收益。如果项目亏损，就意味着你的投资失败了，不可能还会按预期收益率给你钱的。

投资和借款是不一样的，投资要自担风险，而借款可以明确约定本息。当然，如果一个公司的业务能力强，却无法在社会上正常融资，只能向自己的员工伸手要钱，这本身就是矛盾的，所以更需要我们谨慎对待。

最好的办法就是：不参加集资，非销售岗位不销售商品，并尽快找好下家，三十六计走为上。

第二章

信息

求职本质上比拼的是
收集、处理信息的能力

一、从不上招聘网站的舍友，为什么比我先找到了工作？

在我众多的学生中，小 A 绝对是应届求职的“优等生”。他给我分享了一段在大四求职时遇到的困惑，我认为很值得和大家聊一聊。

小 A 和室友小 B 是大学期间可以一起去食堂打饭、一起去自习室占座的挚友，也是性格非常互补的两个人。若以当前颇为流行的 MBTI（迈尔斯布里格斯类型指标）性格分类法来描述，小 A 无疑属于那种擅长规划、严谨有序的 J 型人格，而小 B 则与随性洒脱、灵活应对的 P 型人格相符。小 A 的严谨规划，使两人暑期出游时的计划显得无比可靠；小 B 的随性灵活，也常常给容易焦虑紧张的小 A 以积极向上的心理安慰。

随着毕业季的临近，对金融行业怀揣炽热梦想的小 A 全身心地投入了激烈的求职战中。他每日起早贪黑，不是在图书馆的电脑上查阅资料，就是在自习室里拿着笔记本电脑码字，不仅浏览各大招聘网站和校内求职分享平台，还细致入微地研究各家企业的官方网站和微信公众号，试图不放过任何可能的应届求职机会。据我所知，小 A 堪称典范的行动力，更是表现在他精心制作的一份 Excel 表格上：详细罗列了超过 100 家目标企业，从小 A 的理想公司、行业内的知名公司，到最为稳妥的备选企业，一应俱全。

在这张表格上，他不仅记录了各企业的招聘规模、招聘截止日期、招聘城市等基本信息，甚至连空中宣讲时间、招聘偏好等细微的要求也未曾遗漏。他投出的每一份简历，做的每一个网申，都是根据这张精密的“作战图”有针对性地发出的。

然而，令人意想不到的是，在这场关乎人生转折点的竞争中，小 A 遇到了一个令他困惑不已的现象：那个平时并未表现出过多求职积极性，甚至较少登录招聘网站的小 B，竟然是他们寝室中最早收到心仪公司录用通知的。这让小 A 深感惊讶的同时，也对这位好友的成功产生了强烈的好奇。要知道，小 B 的学业成绩并不算拔尖，比起自己制订的详细求职计划，更谈不上有任何规划。那么，是什么神秘的力量让小 B 在求职路上如此顺风顺水、抢占先机的呢？

我当时听完小 A 的倾诉后，就推测小 B 一定掌握了某种聪明高效的求职方法，也许是他找到了一条正确的“捷径”。于是，我建议小 A 放下内心的疑虑与不安，真诚坦率地向小 B 取取经。

经过一番深入交流，小 A 了解到小 B 的秘密武器其实是他独特的求职策略和有效的主动社交。小 B 明白，虽然网络平台提供了海量的招聘信息，但也意味着面临更大的竞争压力。他选择了看似传统但实际上更具针对性的途径——熟人推荐。

早在大学一年级的时候，小 B 就已经开始积极投身各类校内外活动，尽管起初没有明确的目标和方向，纯粹是因为“闲不住”，但他参与学术研究项目、社团实践活动和志愿服务等，不仅积累了经验，也开拓了自己的兴趣点和优势。正所谓无心插柳柳成荫，他借助这些活动结交了许多各行各业的人脉，如学长学姐、行业导师，甚至还有一些企业高管。在求职季来临前，小 B 就早早地联络这些人脉资源，尤其是那些在自己心仪的传媒行业或自己仰慕的企业工作的人，并诚挚地请他们帮忙推荐实习机会。

一次偶然的机会，小 B 从一位老师的口中得知，有一家由小 B 熟悉的校友任职的企业正好有暑期实习的岗位。小 B 立刻请求这位校友进行引荐。而当他提交的简历经过校友之手直接到达公司人力部门后，他的实践经验、扎实的专业知识以及积极进取的工作态度，深深打动了招聘方，最终获得了宝贵的实习机会。在实习期间，小 B 迅速适应并熟练掌握了新媒体业务，在公众号和官网运营方面都有出色的表现，赢得了上级的认可。当真正的求职季来临时，小 B 并没有忙乱地在招聘网站上广撒网式投简历，而是将精力集中在争取实习转正以及进一步挖掘内推的机会上。

颇具戏剧性的是，小 B 还未来得及充分体验求职网站上的激烈竞争，就已经凭借在实习单位的良好表现顺利完成了转正。相信即便这次实习未能转正，凭借小 B 多年实践出真知和对自己的精准定位、丰富的人脉资源，他依然会通过其他内推渠道在求职季中抢得先机。

值得一提的是，小 A 的故事也并不是一个失败的案例。他凭借自身的实力和努力，获取了十几家公司的面试机会，并最终成功斩获三份工作邀请。求职路上的辛勤付出和层层选拔所带来的压力，只有小 A 自己才能深刻体会。

我之所以分享这个故事，是希望大家能从中看到，努力也可以有多种形式。我们固然欣赏大家像题海战术般去规划求职战术，因为勤奋是永远被推崇的。但在数字化信息时代，虽然招聘网站、公司官网及官方公众号为我们提供了丰富的就业信息，但同时这些无差别的信息共享，也造就了竞争的激烈性。

学会在常规的勤奋中找到一些讨巧的“捷径”，不仅不是懒惰，反而是更需要积极经营和采取主动性的另一种勤奋。熟人推荐往往是进入优质企业的快速通道，通过积极拓展人脉资源、探寻适合的职业路径，就能显示出和“题海战术”同等的重要性。毕竟，求职不仅仅是一个投出橄榄枝后就被动等待选择的过程，更是一个在每一步都可以主动创造机遇的过程。

二、 重要的人脉资源，要去哪里寻找？

上一节讲到的通过人脉资源“走捷径”的求职策略，希望能成为求职者打开理想工作大门的关键钥匙，给你们带来一些柳暗花明的启迪。

这一节则要“授人以渔”，给大家掰开了、揉碎了，讲一讲究竟去哪里找重要的人脉资源。

所谓“人脉资源”，其实远没大家想象的那么高大上，必须是“向上社交”，或必须能跟各行各业的顶尖人才画等号。许多刚刚走出象牙塔的大学生，往往误以为自身的“资源池”浅薄有限，咖位不够。殊不知，只要你愿意去挖掘、梳理和经营，你的人脉可能远比你想象的要丰富得多。真正有用的人脉，其实一直潜伏在我们身边。

回顾大学生活，每个人在校园内即可开启积累人脉资源之旅。

1. 老师

课堂上的老师、实验室的导师，不仅仅是授业解惑的恩师，给予大家宝贵的学术指导，换个角度，他们也很可能为你引荐行业内的重要人士或潜在雇主——桃李满天下的老师怎会没有已大展宏图的学子？在专业领域有着深厚积淀的他们，又怎会缺少与业内顶尖人才的接触？还记得上一节中的关键人物吗？小 B 的实习机会就是从一位曾经的任课老师口中得知的。

下一次和导师讨论毕业论文时，或是在导师实验室埋头苦干时，不妨真诚地问一句：“我对进入某行业的工作很感兴趣，请问您有业内朋友或者之前学生的公司在招聘吗？”相信在日积月累的相处中，只要我们给老师留下了勤学善问的好印象，每一位负责任、珍惜人才的老师，都会对大家倾其“人脉资源”相助的。

2. 已经毕业的学长学姐

充分利用校友资源可以说是求职过程中最有效的手段。校友间共同的身份认同、共同的校园记忆，无形中成了联系大家的一张网，学长学姐们往往会对学弟学妹更青睐、更有亲切感。不得不承认，但凡哪所高校的人才在某一领域站稳脚跟并大展拳脚，我们往往会看到更多该校校友的加入。

各行业对特定学校的认可，也有其内在的匹配逻辑和汇聚效应。比如法律圈有“五院四系”，咨询行业的顶流麦肯锡、波士顿咨询公司和贝恩公司，也有其心照不宣的目标院校列表。我一位友人的孩子现在已升任某知名律师事务所的合伙人，他正是通过学长的内推，在大三就进入了该律所实习，并在实习期结束后成功留任。在整个应届求职季，他几乎没参与，甚至都没投过第二份简历。

关于如何找到目标行业、心仪公司里的学长学姐，除了被动等待校园外的际遇，完全可以花些工夫主动出击。首先，千万不要错过在学校为大家举办的校友分享会上主动认识学长学姐的机会！能被请回母校做分享的，一定是在有代表性的行业或公司任职，且是大家毕业后最向往的目标行业；同时，他们往往也是成功的代表，很可能已在公司具有一席之地，可以为学弟学妹的实习（或任职）说得上话或做得了推荐。其次，不要忽视网上搜索的力量，在一些可以查看就业者信息的招聘网站，如领英、猎聘等，搜索行业或公司关键词，都可以看到校友的身影。我们不妨通过他们留在网站的联络方式，发起一份 cold call（联系完全陌生的人），邀请对方和你聊聊。其实，愿意接受学弟学妹邀请的好心校友大有人在，一位幸运学生说她曾得到了高达 95% 的校友回复率，而常规来讲，10% 的回复率就足以为我们的求职添砖加瓦了。

3. 学生组织和社团成员

学生组织和社团也是拓展人脉的重要场所，你的团队伙伴乃至历任社长、部长，未来可能会分布在各行各业，形成一张无形的信息网，为你的求职之路铺设桥梁。特别是大家因为共同的兴趣爱好，聚在了同一个社团，往往会有非常多的美好回忆，会产生更紧密的联结，从而自动获得更真心的帮助。学生小 C 就曾跟我说，她在毕业求职时获得的免费简历修改建议和两份国企内推，都是来自舞蹈团的学姐。她们曾一起熬夜排练舞蹈，一起在女生宿舍锁门后敲宿管阿姨的玻璃窗求开宿舍大门，并一起在大学生舞蹈比赛中获奖。谁会拒绝给曾和自己一起打拼的小伙伴一次求职的机会呢？

4. 院系辅导员 + 就业指导中心

直接来自学校的求职资源，最主要的两个渠道是院系辅导员和就业指导中心。许多有大量校招需求的企业，都是和这两个部门直接取得联系并在校内发布招聘信息的，因此，和这两个部门的老师维持良好关系，多积极互动，重要性显而易见。其实，大家没必要把这种交流理解为卑躬屈膝的巴结，能保有一颗平常心，正常关注动态，就已经超越了大部分的同龄人。

给大家举个糟糕的反例，同学小 D 对和辅导员交流不以为意，大四返校时也不去辅导员办公室做正常的入校登记，只是拜托舍友完成。没想到的是，当一家大型科技企业到院系招聘时，辅导员精准地推荐了 5 位成绩优异且适合该企业的同学去面试，其中就有小 D。然而心高气傲的小 D 并没有让室友填写自己正确的电话号码给辅导员，导致企业多次联络小 D 失败，他也最终错失了加入科技名企的机会。而一个正向的例子，是小 E 同学。她在校期间创办了学生求职社团，还因此与就业指导中心的负责人结缘，建立了良好的关系，并常常寻求该老师对社团的指导。老师在得到企业招聘信息后，第一个就想到了小 E 和她的社团成员，更巧的是，就业指导中心在这一年刚好有一个职位空缺，最后小 E 直接被就业指导中心主任揽至其部门工作，顺利地留校了。

5. 同届同学或同时在校的校友

这一部分人群可能是最容易被大家忽视的，或者被默认为不属于人脉资源的群体，因为大家都还没有走入职场发光发热，看似不那么有价值。其实仔细回想，当名企来学校做宣讲会时，是不是舍友提醒了你才没有错过？当辅导员联系不到你，是不是同班同学告诉了你企业直接来院系招聘的消息？还有某学长在大厂干得风生水起、组建自己团队的消息，是不是一起上课的陌生同学偶尔提起你才得知？在校同学对我们求职过程中的帮助，总是在不经意间发生，但又是那么不可或缺。珍惜身边每一个并肩作战的伙伴，聆听他们每一个有益的信息，他们都有可能在求职季成为你的“贵人”！

走出校园，新的交际圈也不容忽视。

1. 实习实践时的同事或领导

无论是短期的社会实践，还是长期的实习项目，都能让你接触到一线的职场环境和实际运作模式，更重要的是，你能在此过程中与同事、上司建立良好的互动关系。他们对你职业能力的认可和推荐，或许直接决定了你是否能够留用；他们对于你求职方向的指引，或许就是你未来求职道路上的一盏明灯，或许会帮你推开一扇通往理想职位的大门。大家可以关注一项数据——各类企业的实习生留用比例。求职市场上既有几乎所有应届入职人群全部来自实习项目的外资银行、金融企业，也有留用比例高达60%以上的外企，如迪士尼、欧莱雅，也有留用比例仅20%的咨询公司，或几乎没有任何留用可能的某些国际知名杂志社。大家也可以根据这些数据，更有针对性地去选择实习企业、平衡实习时间投入，建立更高效、更实用的实习人脉网络。

2. 行业论坛中的际遇

主动出击，参加各类行业论坛、研讨会，是积极拓展新的社交圈子的有效方法，特别是大家感兴趣的行业和主题，更加能和未来的求职方向挂钩。每一个在这种场合下新认识的人，都有可能成为你求职路上的一块拼图，共同组成你强大的“资源池”。我既听说过小 F 同学通过积极参与初创企业的研讨会，与某医药公司的中国区负责人相谈甚欢，当场就被索要简历，经过几轮面试后轻松入职该企业的市场拓展岗位；也听说过小 G 同学刚毕业就勇闯金融论坛，主动与某头部外资银行的董事聊天，展示出了超越年龄的洞见和成熟，给对方留下了很深的印象，成为她之后被挖走跳槽的一个伏笔。

3. 招聘会上的主动展现

许多同学会被招聘会上那一连串的知名公司名字所吸引，但一到现场，又被人头攒动的场景劝退，他们觉得在各个公司的展位前不明不白地递交一圈复制粘贴版的简历更容易，结果却落得个铩羽而归。要知道，机会是留给有准备的人的。参加招聘会，想有个立竿见影的结果无可厚非。但是，现场每交一份简历就能收到面试邀请，甚至就能得到录用通知这样的好事，早已成为激烈的就业竞争市场里的童话传说。大家可以换个角度看招聘会，把这里当成展示自己、与招聘专员建立联络、给部门负责人留下好印象的绝佳机会，即当成积累人脉资源的场所。

曾听来自包括彭博、腾讯、安永等不少名企的人事聊起，招聘会上能给他们留下深刻印象的，并不是扔下漂亮简历就羞赧走人的那些模糊的面孔，而是适时适当地驻足停留，和企业的现场招聘专员大方地侃侃而谈的求职者。可以聊自己对企业的了解和仰慕，可以谈自己对行业的看法，当然，还有简洁而又能凸显自己优势的自我介绍。哪怕现下并没有适合他们的求职岗位，转头出现了实习机会、别的部门的岗位，招聘专员最先想到的肯定是那些有联络、有印象的面孔。

4. 亲朋好友

我们自身和家庭的朋友网，以及我们的家族亲缘关系，是我们在大学之外早已构建好的社会关系网，也是构成我们“资源池”的重要组成部分。“家里有人”这个早已被调侃的词汇，在今天更加公平公正的就业环境中，已经不意味着是“走后门”的不正当竞争，倒不妨理解为通过亲朋好友来拓宽我们获取信息的渠道。

学生小 H 之所以能获得某家银行的法国分行岗位，就是因为家里的表姐在该行工作，非常清楚那一年的招聘计划。一些父母或亲戚在优质公司工作的孩子，往往更有优势进入该公司的原因，不在于他们有“后门”这样的特殊招聘渠道，而是他们知道如何获得这份工作的完整路径信息，不会错过任何关键时间点，也比一般人更清楚求职准备的方向。大家不妨在求职季深度挖掘一下家里的七大姑八大姨，看看有没有在自己渴望的行业里从业的，他们说不定可以为你提供意想不到的帮助。

在上述各类“资源池”里，我们能举出数不胜数的案例。而案例中的学生，都有一个共同之处，就是能积极主动地拓宽人脉，从而另辟蹊径为自己争取到就业机会，在一定程度上减少了枪林弹雨般激烈的就业竞争。

请相信，每一次真诚的交流，每一次有价值的分享，都可能在未来转化为你成功求职的助力。所以，勇敢地去梳理你的人脉，你会发现自己的“资源池”其实早已蓄积了丰厚的能量，只待你用心发掘，合理运用，以助你在求职的竞技场上赢得先机，实现职业生涯的精彩开局。

三、有没有可能，你也是别人的“资源池”？

希望通过前文对人脉“资源池”获取方式的梳理，能让大家对这个概念“祛魅”。

现在，想和大家一起换个角度看问题，分享一个更能让“人脉”走下神坛的解读。

在求职之旅中，我们往往聚焦如何构建和利用人脉“资源池”，以期在激烈的竞争中脱颖而出，获得心仪的工作机会。然而，一个常常被忽略的角度是：在我们努力汲取外部资源的同时，我们自身其实也是一个充满价值的“资源库”，能够为他人提供帮助和支持，成为他们成功路上的一块重要拼图。

首先，作为应届毕业生，我们通过多年学习积累的专业知识和技能，就是一种宝贵资源，尤其在某些细分领域或新兴行业，你的独特见解和创新思维也许正是他人所急需的；你结识的师长、专家和业界人士，同样也构成了你所能分享的资源，当你与他人共享这些资源时，实际上也是在扩展他们的视野，帮助他们搭桥铺路，走向理想的岗位。

小 I 就曾在不知不觉间成了别人的“资源池”。他是西班牙语与市场营销双学位的大三学生，正值表哥的外贸公司急缺西语人才，而小I本打算读研，并没有计划加入“家族企业”，所以觉得爱莫能助。但他转念一想，何不向周围正在找工作的大四、研二的学长学姐们推广招聘机会？还可以顺便用自己在市场营销所学的知识适当地宣传下表哥所在的这家企业。说干就干，小I当起了外贸公司的“校园大使”，和系内辅导员联系，做了一场校内宣讲会，还内推了几位相熟的校友。这不仅解决了表哥的燃眉之急，也帮助几位西语校友解决了工作问题。小I每次和朋友说起这件事时，就觉得很有成就感，没想到自己有一天也会成为他人的人脉。

其次，参与各类实践活动和实习项目的经验也能使你成为一个“资源池”。无论是社团活动的组织管理经验，还是实习项目的实战心得，都能帮助他人更好地理解职场规则和行业动态，甚至提供有效的求职建议和内推机会。当你的同学、朋友、学弟学妹在面临求职困惑时，你的经验和见解可能就是帮助他们解决问题的一把钥匙。

小J在大三时准备出国交换一年，而自己已经在实习岗位上做了一个学期，企业也暂时还没有找到可替代的实习生。她想着肥水不流外人田，何不把同专业的闺蜜兼室友推荐给直属上级呢？说到做到，室友也没有辜负小J的推荐，适时地顶上了岗位的空缺，皆大欢喜！

最后，你的态度和精神面貌也同样是影响他人的正能量“资源”。面对困难有坚持不懈、积极向上的心态，有勇于接受挑战、敢于创新的精神，都将激励周围的同学和朋友勇往直前，共同成长。还记得同一个宿舍、同一个班级的同学们相互打气、相互鼓励的场景吗？一段实习后没有转正不可怕，一封简历投递后没有回音也不可怕，可怕的是没有了坚持的毅力和再开始下一次的勇气。

小 K 是在大学期间有着 10 份实习经历的“实习大佬”，系里邀请刚刚找到工作的他回校给学弟学妹们做分享。谦虚的小 K 开始觉得自己只是年长几岁而已，靠的是厚脸皮才勇闯实习。没想到，他来做分享会后一年，好几位还有联系的学弟学妹都来感谢他，有人在他的启发鼓励下坚持拿下了看似遥不可及的实习机会，有人在他掏心掏肺的鼓励下做出了更理智的职业选择。小 K 对自己还处于职场前路迷茫时却帮助了后来者，觉得很是欣慰。小 K 的经历证明，有时候，最强大的资源并不是物质上的，而是心灵上的触动和鼓舞。

在求职这场没有硝烟的战争中，我们每个人既是资源的寻求者，也是资源的创造者。当我们愿意分享自己的知识、技能、经验和正能量时，无形中就在扩大自己的圈层影响力，同时也为自己积累了无形的资本。正如流水不腐、户枢不蠹，资源的流动与共享，能让我们的人脉网络更加健康和富有活力。

总的来说，作为应届毕业生，我们不应仅仅视自己为求助者，而应该意识到自身所蕴含的价值，勇于担当“资源提供者”的角色。在求职的道路上，我们相互扶持，共同成长，每个人都有潜力成为他人眼中的灯塔，照亮彼此的前程。这种互助与分享，不仅丰富了我们的职业旅程，也为我们未来的职场生涯铺设了更坚实的基础。让我们在追求个人梦想的同时不忘成为他人成功之路上的一块铺路石，共同绘制一幅幅精彩的职业蓝图。

四、求职可以“团队作战”吗？

在当前激烈竞争的大环境下，毕业生面临着前所未有的求职压力。传统的独立求职方式虽不可或缺，但是否有一种可能，让毕业生打破常规，尝试以“团队作战”的模式共同面对这一挑战呢？答案是肯定的。

“团队作战”的求职模式并非指集体应聘同一职位，而是大家共享信息、互补优势、互相支持，从而提高各自在求职过程中的成功率。

还记得我在前面提到的求职“劳模”小 A 吗？试想，小 A 要花多少个挑灯夜战的晚上才能收集 100 家公司的信息啊！如果把这项任务变成 5 个同样以金融企业为求职目标的同学一起完成，每人仅负责 20 家企业的信息收集，这项工作必将完成得更快、更高效，5 个人也能节省更多的时间用在简历筹备和面试准备上，何乐而不为呢？可以说“信息资源共享”是团队作战的核心。除了求职信息，针对心仪的公司和岗位，共享面试经验、笔试题库等关键信息，也是信息共享的一部分。

学习过商科或致力于加入咨询行业的同学，有一个非常好的求职习惯，我认为值得所有行业的同学学习，那就是被称为“Case study group”（个案研究小组）的集体备战面试的模式。在咨询行业的面试过程中，针对个案的分析是一种常见的，也是最具挑战性的题型。想在这类面试中脱颖而出，往往要研究数以百计的案例，以总结经验，同时最好能找到一位伙伴扮演面试官的角色，反复进行实战演练，锻炼反应速度，寻找案例规律。在这种高压的面试模型下，许多同学自发地组成了学习小组，不仅一起搜集案例，一起开展对案例的深入研究，还互相扮演“面试官”的角色帮助小组成员实战演练，使每位成员都能得到更有针对性、更充分的锻炼。其实，这种团队面试演练完全不是咨询行业求职者们的专利，无论我们的目标是什么行业、何种公司，只要能找到志同道合的战友，完全可以“组团打怪”，一起进行模拟面试演练，从而达到事半功倍的备战效果。

在“组团打怪”的过程中，虽然可能寻找的是同目标的战友，但事实上团队成员有不同的专业背景、技能特长和人际资源，通过协作可以互相弥补不足，共同提升。例如，擅长撰写简历的同学完全可以帮助其他成员优化求职材料；善于沟通和交流的同学则可以和其他人分享经验，在面试沟通环节提供有力支持。“优势互补”非常有助于提升求职小团体的整体竞争力。

团队协作还有一个最不容忽视的作用，就是“情感支持与互助鼓励”。现在年轻人面对的压力越来越大，有心理问题的人群比例也正以令人惊讶的速度增长。求职过程中遭遇挫折在所难免，缓解求职压力至关重要。此时团队成员间如果能相互支持，彼此安慰，就能极大地增强个体的心理承受能力，使大家在面对困难时不轻易放弃，持续保持积极的求职状态。

在以技术创业闻名的美国硅谷地区，一群志在加入顶级科技公司的应届毕业生创建了网站“TechHive”，一个旨在共享资源、互相培训的求职社群。他们不仅定期聚会讨论最新的行业动态、技术趋势，还邀请在职的工程师或人力资源专家进行简历修改、模拟面试等实战指导。TechHive成员之间通过建立项目合作，如开发小程序、参与开源项目，不仅增强了个人简历的含金量，还在实践中学会了团队协作，这些经历成了他们在面试中脱颖而出的关键因素。据统计，该社群成员的就业率比传统独立求职者高30%，且入职公司的排名普遍更靠前。这正是对“团队作战”有效性的最好证明。

我们除了“人肉搜索”身边志同道合的战友，各种在线平台和社交媒体群组也为组团求职提供了更加便捷的渠道。在领英、微信、豆瓣小组等平台上，各类行业求职小组已经如雨后春笋般涌现。这些线上社群不仅共享岗位信息，还组织线上讲座、技能分享会，甚至举办“云模拟面试”，打破了地域限制，让全球各地的求职者都能参与到团队中来。一些高校的就业指导中心，也开设了官方求职微信群，定期发布校招信息，组织线上模拟面试活动，也是促进应届毕业生之间的团队协作、信息交流和资源共享的平台。

希望上述“团队作战”的创新求职策略能帮助大家打开思路。在茫茫求职路上，你不是一个人在战斗！通过资源共享、优势互补、情感支持等方式，不仅能帮助大家提升求职效率和成功率，还能在实践中培养未来职场中不可或缺的团队协作和人际交往的能力。因此，对于每一位求职者而言，探索和利用好团队，让求职者不再孤单，共同向着职业梦想迈进，不失为一种智慧的选择。

渠道

求职的策略、雷区与取舍

一、“海投”有哪些需要关注的重点？

很多朋友的求职之路都是从线上平台开始的。招聘平台包括传统的猎聘、智联、前程无忧、英才招聘（58 同城）以及各省市的本地就业网等，还有新兴的 BOSS 直聘、脉脉、牛客、实习僧等线上渠道，这些都是应用比较广泛的招聘平台，机会和资源比较同质化，相对容易获取。

招聘网站和招聘 APP（应用软件）上，总体来讲时间的投入是比较少的，只要在最开始做好简历的初始化，后面就可以一键投递，有些网站甚至可以导入纸质版简历。碎片时间刷一刷，看到合适的岗位，一键投递，也能发不少简历出去。

虽然看起来机会很多，但它的缺点是命中率低，投的简历大多石沉大海，没有回音。因为在这种“海投”的情况下，一个普通的学生一天可能就投了上百份简历，而一个用人单位收到的简历，尤其是优质用人单位收到的简历，数量更是可观。在这种情况下，可能就没有时间去考察应聘者的实力。对于应聘者来说，反而需要一点点运气。

面对海量的简历，招聘专员肯定不会一份份地仔细研读，第一步肯定是通过客观指标筛选来缩小范围，如学历、学校等，如果我们本身在求职市场中就不是顶尖的那一拨，很可能在初筛阶段就出局了。

再仔细想想，海投其实也会占用你的不少精力，动不动就会接到完全不匹配的电话：要应聘打字聊天员吗？要应聘电话客服吗？要来卖保险吗……你可能要花更多的力气去甄别信息。所以，海投虽然很方便，但性价比不高。毕竟，在海里大面积地撒网，很难捕到你想要的鱼。所以，海投的时候我们一定要想清楚其优劣势是什么。

它可以让我们快速上手、了解市场，完成第一次接触和试探，但同时也是一个低效、低匹配度的途径。

在使用线上招聘网站、招聘 APP 的时候，一定要注意以下两点。

第一，不要因为大量的简历投出去后没有回音就轻易地否定自己，或者丧失信心，陷入自我怀疑，是不是我太差了，一辈子都找不到工作了？那是因为在这种大量的信息之下，命中率和成功率相对较低，这几乎是一个必然的结果。

第二，不能过度依赖传统招聘网站、线上招聘渠道。在这些网站上，虽然看起来机会很多，但岗位和求职者的同质化程度都很高。一个单位在多个平台提出相同的职位需求，收到的简历数量非常庞大。这时候能够精准命中的概率自然更低，如果将希望寄托在这一个渠道上，那就会错失更多其他的机会。

尤其是年轻的朋友，觉得这种网上每天能发 100 多份简历的海投方式很轻松，一遍导入简历后不用再修改，直接一点就能发出去，于是渐渐有了路径依赖，觉得省事，而其他渠道反倒觉得很麻烦，甚至还自认为获得了很多机会。

其实，这样是很低效的。最省事的渠道，也是求职者最多的、命中率最低的。它可以是重要的组成部分，但绝不能把它当成唯一的求职方式，更不可能保证你 100% 成功。

既然不能完全放弃海投，那应该如何更好地利用这一渠道呢?

其实，海投除了“投”，同时也是一个很好的信息收集渠道。建议大家不要无脑海投，而是在海投的同时多做一些观察与思考，比如挂出来的职位通常有什么要求，这些要求其实就是你修改简历的方向。如果你具备大多数公司要求的条件，那就一定在简历上着重表现出来；如果很多硬性要求不匹配，那可能就要考虑修正求职方向了。

还有，海投比较适合碎片时间，可以尽量抽时间来做，比如坐地铁、候车时的碎片时间。把可以集中注意力、专项突破的时间留给更有针对性的职位，这样的策略安排，也有助于提高整体的求职效率。

总之，海投不能作为唯一找工作的渠道。但如果利用得当，也能发挥很好的作用。

二、其他招聘渠道，同样至关重要

之前和几个学生聊天，发现大家找工作时通常会出现这样的局面：老师讲啥我用啥，同学投啥我投啥，学校来啥我看啥……

多数同学还是有些跟风和迷茫，并没有对整个招聘季进行合理规划，而是比较被动。今天遇到机会了就看看，没有新消息就窝在宿舍里顺手海投。

其实，对招聘渠道稍微分一下类，就会发现很简单。大家也完全可以主动规划一下自己的策略。下面我介绍几种常见的形式，并给大家推荐一些求职策略。

线下宣讲会、双选会

这是比较常见的线下招聘渠道。很多人觉得参加宣讲会性价比不高，去听了一两个小时，最后只投出去一份简历，还没有回音，但宣讲会的精准度和命中率是不一样的。有些企业是长期跟学校合作的，他们的选择范围非常固定，对这个学校的学生也有更高的认可度，甚至很多岗位跟学校的人才培养方向契合度很高。这样的成功率自然比在网站上海投简历要高得多。有些企业的员工甚至主要就来自几所特别对口的学校。我和一些负责招聘的朋友也聊过，有些企业在招聘时，线下招聘的入选比例明显大于线上，是因为企业和学校的往年合作和匹配程度都很高。

来大学开宣讲会的公司，80% 都是回头客。既然觉得校招宣讲会耗费时间，那我们就提前做功课，选择那些跟我们匹配度更高的企业。你可以提前了解他们往年的招聘新闻和信息，看招聘情况和自己的方向是否匹配，工作的内容、岗位是否符合自己的需求，甚至可以问问已经在那里工作的学长学姐。通过自己的前期思考和筛选，就能够缩小范围，更加精准地匹配需求，再判断宣讲会适不适合你，值不值得去，而不是盲目地听了两个小时，才发现双方根本不合适。

线下渠道相比线上渠道，虽然在时间效率上低很多，但能来学校开宣讲会、双选会的，通常都是“校方严选”过的，精准度要高很多。而且线下招聘还有一个不可替代的好处，就是双方可以面对面地交流，很多问题可以当场沟通。

说到问题沟通，很多宣讲会最后都会给大家留出提问题的时间，我参加过很多场，通常到了提问环节，大家都会绞尽脑汁地问些问题，争取给招聘方留下好印象。但因为实在了解不多，很多问题又提得干巴巴的，求职者为了提问而问，招聘方也是为了回答而答。

但也有一些学生给我留下了深刻的印象。有一个学生问：贵公司的 ×× 项目去年开发完成，今年是否要进入销售环节？你们应该需要既懂技术又懂销售和商务的人才。我是 ×× 专业，辅修 ×× 专业，与这个项目非常对口，您招聘的 ×× 岗位是否对应这个项目的销售工作呢？

当天的招聘岗位，的确是对应这个项目。这件事在公司的官网明确提到了，但宣讲会中没有说得那么明确。这个同学的提问给招聘方留下了很深的印象，会后专门留下他聊了半天。

这样的“有效提问”有两个前提：一是真的查过资料，深入了解后提出了有针对性的问题。给招聘方的态度就是我很认真，我好好做了功课。二是明确地摆出了自己的优点：专业对口、有主动性。准备加上表现，就能脱颖而出。

线上招聘

除了前面提到的网上招聘平台，很多企业也有自己的网上招聘途径，例如大公司会有自己的招聘系统，一些小公司可能没有在招聘平台充会员，就在自己的公司网站、社交平台的官方账号（如公众号、微博）等渠道发一下。这类招聘中也有很多机会。

从某种程度上看，这不仅是“送上门来”的就业机会，也在考验你的信息收集能力，其实也是一个很初步的筛选。这要求你对自己所在的行业比较熟悉，求职目标比较明确。

有些大型企业开始招聘的时候，学校会给同学们发通知。但我建议用更简单、更主动的方法：在招聘季开始之前，就把方向差不多的大公司招聘页面全部收藏好，隔三岔五地挨个打开看看。

有些小型甚至微型的企业，岗位竞争其实会更小，但需要自己花一些时间去收集信息，找到对应的企业，这就要求你对行业的熟悉程度更高。

还有一点，这类企业的招聘信息可能是多渠道发布的，如自己的官网、招聘平台。所以，另一种逆向的思维是，如果海投时发现有不错的岗位，就把公司名字记下来，再去其官方网站、公众号等渠道看有没有招聘通知，有就再投一份简历。

就业环境好的时候，很多名校学生看不上小企业，只认世界500强或新兴的独角兽。但找工作不是炫耀，不是攀比，能找到适合自己的岗位，拿到一份不错的薪资，才是我们的目的。所以，不要早早地就把中小企业排除在外。

人脉渠道

人脉的获取有很多种方式，例如，通过参加一些行业内的学术会议、行业会议或培训等认识更多的人，通过老师、师兄师姐的介绍获取更多的校友或专业人脉，通过实习机会认识成熟的职场人士，甚至后续还可以加入一些群组、论坛，保持更多的交流与沟通。在获取更多人脉的同时，也要保持拓展人脉的活跃度，积极了解相关动向。人脉方面是需要花时间去经营和培养的。

很多朋友存在这样一个问题，就是拓展了人脉，但根本不会用。我自己有时候也是被别人当作“人脉”的，遇到过很多这类的问题，现在给大家分享一个案例。

最常见的情况就是：老师，我要找工作了，请问您有什么工作推荐吗？

孩子，我连您自身学历、所学专业、有何特长、求职意向都不清楚，怎么可能给你推荐工作呢？你在哪座城市，具体需求是什么，这些我完全不知道，总不能我把人脉关系都告诉你，然后任你挑选，等你选完后我再挨个儿给你对接推荐吧？

这是最常见的问题，敢于开口，但开口的内容不对，而且没有说明自身情况，没有帮对方缩小选择的范围，甚至没有给对方一个帮你的契机。

所以，正确的做法是先整理好自己的大致情况和求职意向，再去礼貌地询问。比较常见的，是先发一条描述自己情况的微信，询问是否可以获得帮助。再发自己的简历，加上一小段成型文字，简要描述自己的情况和求职意向，方便对方转发转述。这样寻求帮助，能尽量给别人减少麻烦，别人也会更愿意帮助你。

更合理的方式是在合适的场合当面询问，而不是半夜忽然没头没脑地发一条微信，还啥也没说清楚。这些涉及的是基本的礼貌问题。

实习转正

很多同学在校期间参加各类公司实习，有的人觉得好像也没学到什么，主要就是打杂了，没啥大成就。其实，实习的经历对找工作非常重要，因为这是你从学校进入社会的第一步，你的社会化过程，职业态度的初步培养，与他人相处的初步能力等，在学校是没人教也学不到的，但在实习中会有初步的积累，在日后的工作中一定会用到。所以，不要觉得自己打杂没意义，做好这些过渡就是意义。换个角度看，如果一个公司让刚去的实习生体现出什么“大成就”，有什么力挽狂澜、惊天动地的伟业，那这个公司也真的是草台班子了。

实习经历除了在简历中起到作用，实习生中均有一定的比例可以转正或留任的机会。对企业来说，通过实习期的培训，已经比较好地将实习生和本公司的需求进行匹配，而实习生已经有了较好的工作基础，入职后上手的速度也会更快。对于学生来讲，这无疑躲过了海投简历、反复参加招聘会、不断面试不断被拒的痛苦经历。

这里需要注意的是：不要把鸡蛋放在一个篮子里。不要因为实习看起来有很大的留任机会，就放弃其他的招聘渠道。一来是为了分散风险，万一实习后没有留用，或者出现了什么问题，我们手里还有更多的选项；二来也完全可以骑驴找马，看有没有更优的选择。

由于实习留任的概率比较高，曾经还出现了“付费实习”的现象，就是优质公司的实习岗位，不仅不给实习工资，还要自己每个月交点培养费。而且实习期间安排大量的工作，要求极高，就是为了最终“有可能”的“转正机会”。

这种情况不能说全都不靠谱，但我们做事总要寻求投入产出比。如果花费巨大的时间、精力只为获得一个不确定的机会，甚至因此耽误求职季，浪费更多的机会，并且对身心也造成了很大的压力，那真的要劝大家慎重了。找工作有时候就像找对象，强扭的瓜不甜。

找工作很艰难，会很辛苦，也会被反复拒绝。但被拒绝是正常的，这个世界上没有谁会一投简历就能得到面试机会，一过面试就会被留用。每个人都是在不断的拒绝中去寻找最适合自己的那一份工作的。

请大家记住：我们最后要的只是一份工作，哪怕只有 1% 的机会，那就尝试 1000 次好了，我们就有 10 次机会了，不是吗？

三、 如何根据招聘信息判断招聘企业的水平?

怎样在短时间内了解一家陌生的企业呢?

有很多途径，我们可以通过互联网查找这家企业的详细资料，也可以与企业招聘专员当面沟通来判断。

其实，还有一个更简单的办法，那就是在阅读这家企业招聘信息的时候，多用心观察，也能初步判断这家企业的基本水平。

比如以下几种情况:

a. **试用期不签订合同，正式工作一年后才开始上五险一金。**

b. **996 或大小周，正常月薪，不会额外计算加班费用。**

c. **岗位仅限女生，要求年龄、身材，面试前提供生活照。**

d. **底薪极低，与绩效挂钩，要求每月完成一定任务，否则罚款。**

这些招聘要求大家怎么看?你会因此“一票否决”这个公司吗?

在这些要求中，a 是明显不符合劳动法的；b 也不规范，但目前这样做的公司并不少；c 和 d 在特定岗位或特殊情况下算是正常要求，如对形象有要求的礼宾、主播，以业绩为考核的销售岗等。但如果不是这些特殊情况，普通岗位也做这些要求，大家就要慎重了。

当招聘企业提出这些条件的时候，不一定表明对方在市场上有话语权、财大气粗，这些苛刻条件反映的是企业管理不规范，对法律没有敬畏之心，对应聘者没有起码的尊重。这些信息足以帮助我们判断其水准了。

还有一种很常见的情况，招聘方在招聘信息中会加一些自认为“直白”或“搞笑”的描述，例如：

a

四不招：

1. 视金钱如粪土的；

2. 开玛莎拉蒂的；

3. 身在曹营心在汉的；

4. 这山望着那山高的。

以下条件优先录取：

1. 为生活所迫，为钱所困的；

2. 负债累累的；

3. 想迅速有能力孝敬父母、照顾兄弟姐妹、改善家庭经济条件的；

4. 想早日攒够老婆本，走向人生巅峰的；

5. 有房贷、有车贷的。

在这里，只要你对工作足够热情，只要你的执行力像关二哥那般雷厉，那就来吧！

b

我们招的是电商设计，上来问双休、能力一般的请绕道。我们不需要这样的人，有能力的，薪资不是问题，水平一般还想高薪、还要双休的，请躺你家床上做梦吧。

有的朋友觉得这很难评价，可能企业文化就是这种风格，或者就是招聘专员自认为幽默，结果玩砸了。但如果求职人员真的“水平一般还要求高薪、双休”，的确是不现实的，也不能完全算是企业说错了。

但问题的关键在于，在正式的招聘场合，公司招聘专员可以如此随意且缺乏礼貌吗？

回到我们最开始的问题：你会因此一票否决这家公司吗？

如果换作我，我会首先判断这些是不是原则性问题。如果是明目张胆地违反劳动法的，那就一票否决；内容让我感觉不适应、不认同的，尽量绕道，哪怕主动给了工作机会，也尽量往后排。我们是来找工作的，劳动者和用人单位是平等的关系。

甚至还有朋友跟我说，他还听说过入职后收身份证、工作期间收手机的，要求员工不能与任何人提及工作内容，不能将任何资料带出公司。如果有这种情况，该报警就报警吧。

还有一些情况不太好判断，即岗位职责写得模棱两可，没有具体的职责或者业绩要求，描述为“完成相关工作”或者“完成领导交办的其他工作”。

出现这种情况，通常有以下两种可能。

第一，公司之前没有招聘过这个岗位，对岗位要求不明确。更极端的情况是，公司也是新成立的，或老板是跨行过来的，一切从头开始，人事也不是很明确这个岗位具体能干啥、需要干啥。

这种情况大家可以自己判断，新岗位不一定不好，从零开始的新公司也不一定会以零结束。

第二，这个岗位可能会兼任很多工作。

大家在求职的时候不难发现一个现象，大公司的岗位往往更加明确具体，每个岗位做好自己的分内事就可以了。而规模越小的公司，反而需要你兼顾的事情越多。因为业务量不大，每个岗位的事情不多，一个人能完成很多岗位的工作。我有时和一些互联网公司对接合作，就能明显感觉到这一点。对面聊合作内容的是一个人，具体执行的是另一个人，走合同流程的是一个人，财务又是一个人……有时候一个活动要对接七八个人，而我就只有一个助理和各方对接。因为养不起那么大的团队，也的确没有那么多的工作要做，一个人就能忙得过来。

这种情况有利有弊。你接触得更多，能力就更全面，但工作的边界不够清晰。有些年轻朋友说，我就只干我工作职责范围内的活，跟我无关的一律不做。但在实际工作中，想做到这一点很难。许多工作很难在开始就把职责的范围完整地界定清楚，总有新的事情出现，甚至会超出之前划定的范围。很多时候，大家都难免要拓宽自己的职责范围。

四、任职要求很高，我要不要试一试？

有些求职者特别保守，会仔仔细细地阅读任职要求，只要有一点点不符合，就会当场放弃。

我通常会劝他们：不要太保守，差距不大的时候可以试试。

公司发布的任职要求，有时候是底线的要求，有时候是过于理想化的状态，不一定就能心想事成，招到完全符合的员工，还是有灵活调整、讨价还价的空间的。

有的招聘专员写要求的时候，不一定事先做过市场调研，可能就是参考同行随意写的，并不一定是硬性要求。

尤其是我们前面提过的岗位匹配程度，有时候可能是优先于硬件条件的，如果经历和能力非常匹配，其他条件都可以适当放宽。毕竟，公司要招的是能快速上手、承担工作任务的人，还是以实用优先。

还有一些岗位，公司为了显得高大上，故意将要求写得高，要求证书、学历，觉得能招到更好，招不到就退而求其次。

所以，如果职位要求高也并不是没希望，大家可以试一试。有时候职位要求很像择偶标准，公司提了，但符合条件的人也未必看得上，最后公司也要降低一些要求。

想要挑战任职要求高于自身条件的职位，就需要我们理解公司招聘信息背后的真正需求是什么。如果不符合字面的要求，能不能从其他方面来补足呢？比如，对方要求有一年相关工作经验，其实是希望你不要什么都不懂，起码有个入门的机会。我们即便没有工作经验，有类似的实习经历行不行？有相关的项目经历行不行？你把这些履历突出展示出来，成功率就会更高。

有两种情况需要例外。

第一，要求与自身条件相差太多，明显不符。例如，招聘方要招一个非常有经验的区域总监，明确要求有 5～10 年的工作经验，你如果刚毕业，从来没接触过这行，就尽量不要挑战了。有的朋友觉得自己能力强，学得快，但有些岗位是真的需要大量的实践经验，你必须在这个岗位上待过足够长的时间，经历过足够多的事情，才好做出判断。或许你能力强，两年顶别人五年，但完全没经验肯定顶不了五年经验。

第二，在一个公司投好几个职位，从副总到前台，过于随意地挑战很多不适合的岗位。

这两种情况不仅浪费了时间，也有可能被对方拉黑，失去更合适的机会。

五、 行业、公司、岗位、待遇、发展，怎么排序？

关于这个问题，还是要根据个人情况而定。

可以通过两个方面来初步判断：第一，你最着急解决的问题是什么？第二，你能吃什么苦？

有的朋友家庭条件不太好，需要赚钱养家，那么回报周期很长的科研类的岗位肯定要往后排，优先选择回报周期比较短的工作。回报高的工作很可能会应对较高的工作压力和强度，或者有些公司的高薪岗位需要长期驻外，条件相对艰苦。你要判断自己能不能吃得了这个苦。

有的朋友对落户比较关注，希望就应届生身份解决户口问题，那你所选的行业和岗位就相对有限，待遇可能也不会太高。有所得就有所失。

有些朋友最开始没什么规划，这很正常，因为我们很难在刚步入社会的时候就明确知道自己要什么，很多时候是在历练中慢慢明白过来的，所以我们也要着重聊一下，该怎么判断一个行业、公司、岗位的前景，这可能是更加实用的技能。

我们经常听到类似说法，某某行业特别火热，或某某行业是天坑，千万不要入行。我想提醒大家的是，行业的发展还是要和公司的具体业务、具体岗位结合起来，不要单纯地因为哪个行业火，就往这个行业钻，一定要看自己具体的岗位，不要为了面子、为了说起来好听，就去盲目选择一个热门行业。

房产中介听起来好像很低端，金融行业听起来好像很高端，可如果你在优秀的房企找到一个合适的职位，虽听起来是“卖房的”，但其实岗位待遇不错，能学到很多东西。与其相对的，如果你入职了某个金融行业，获得了一个听起来高大上的职位，可其实你每天的工作就是给别人打电话：“银行贷款需要吗？我们最近贷款利率降了。”如果是这样，你的工作也并没太大的价值，既得不到锻炼，也很难获得发展和积累，光有一个“高端行业”“热门行业”的空名头，是没有意义的。

大家在判断行业的时候，不要单纯地因为网络知名度，或者一两个词条、碎片的信息就去下判断、做结论，这样会有很多不理性的成分。如果想要准确判断，首先是积极地收集信息，平时要对行业有关注、有积累，通过信息筛选来判断行业发展趋势，这样你对一个行业的整体走向就会有一个大概的认知。

同时，也不要囿于行业的整体，一定要具体到固定的岗位来判断。比如，前些年很火的“35 岁焦虑”，传言很多知名企业的程序员到了 35 岁就被淘汰了。我一朋友任职于某国企自有的研发岗位，他的感受与互联网知名企业完全不同，属于流动很慢、安全稳定为主要目标的职能岗。大家也不要因为“× × 是夕阳行业”的说法就轻率地否定整个行业，可以找一个工作多年的人聊聊，问问他对这个行业和这个岗位的感受。

总结起来就是这几个方面：日常对行业信息的收集，行业内部人士的访谈聊天，行业政策的相关导向……就足以让我们对一个行业的发展潜力有初步的判断。

接下来，再说如何判断一家公司的潜力。

首先，判断公司目前在行业内的地位如何，是否具有核心竞争力，是否位于行业前列，是否持有具备技术或专业壁垒的能力或产品，这些信息有时候通过目标公司和同类公司的官网就能获取。符合这些描述的公司通常是具有发展前景的，在这种公司获得的成长也会比较多。

其次，思考一下公司发展战略是否有前瞻性，公司的管理层是否具有较好的管理和经营能力，视野或格局是否能够在市场环境不好的情况下维持稳定发展，或者在机会出现时能否快速地把握机会突破增长。但这类信息不一定在面试的时候就能看出来，需要我们在入职后进行观察和思考。如果觉得公司缺乏发展的前景和潜力，那就赶紧关注一下主要竞争对手的网站，看有没有新的工作机会。

还可以观察公司对待人才的态度和培养方式，如公司的人才储备情况，在核心能力打造和人才队伍建设方面的投入情况等，因为核心产品竞争力和人才储备是公司最重要的命脉，也是公司快速发展的基础。如果公司只是一味地施加压力，降低薪水，优秀的人才肯定会在找到更好的机会后选择跳槽，留下的多是浑水摸鱼的人，这样的公司肯定没有发展潜力。

如果公司是初创企业，或业务线刚成立，没有历史资料参考，该怎么判断呢?

如果是新业务线，就看这个公司以往怎么样，新业务是不是行业热点；如果是初创公司，就看创始人以前是做什么的，有没有成功经历。这些信息获得的越少，赌运气的成分也就越大。

有的朋友担心，万一判断错了、选错了怎么办？没关系的。如果发展得不好，那就换一条路重新来。只要你的时间、精力等都在可控范围内，就不要勉强自己每个选择都绝对正确，这样只会徒增焦虑。当然，也不要过于自信，去冒太多自己不能承受的风险，如退学创业、借钱创业等，都要慎重选择。

判断一个公司的发展前景，不要指望一眼看到10年后、20年后，能预判接下来两三年的前景，就很厉害了。因为很少有人会在一个公司干一辈子，也很少有人能真正预测到三五年之后的情况。更重要的是，进入公司后要依旧能保持清醒，及时重新评估公司的情况，而不是有了一个岗位就得过且过，靠惯性过日子，等到哪天公司实在撑不下去了再想下一步，那就太被动了。

还有一个很想跟大家探讨的问题：如何看待毕业几年后大家收入和发展拉开较大差距、被“同龄人”抛下的问题?

这其实是很多年轻朋友要面对的，也是大家在心理上不好调整的问题。上学时大家在一个教室里听课，有的可能成绩、能力还不如你，但工作几年后忽然发现人家事业、收入都快速提升，而自己又苦又累又受气，赚钱还少，前途渺茫。

职业道路的发展跟我们上学时的经验不一样。上学时，基本在高二下学期就能看出大家的学习水平、能考哪一类的大学。高中只有3年，大学也就4年，但工作是一个很漫长的过程，跟你的选择、机遇、社会发展、行业走向都有很大的关系。大家不要觉得第一份工作就奠定人生基调了，也别因为工作三五年还没啥成就，就认为人生失败了。

有的人很快找到了自己喜欢且擅长的工作，有的人要慢慢积累很多年才会爆发，这都是正常的。重要的不是在短时间内走上人生巅峰，而是如何保持成长和进步。工作中你会经历很多次的选择、调整。某一次的选择，不一定能给你带来翻天覆地的改变，但只要脚踏实地，定会走得越来越好。

第四章

简历

写不好这页纸，再厉害的人
也容易被淘汰

一、招聘专员到底是怎么看简历的？

在聊如何做简历之前，我们先聊一聊招聘专员是如何看简历的，这样才能让我们更有针对性地制作自己的简历，同时也能让我们明白，简历制作的目的和意义是什么，想要达到的效果是什么。

通常，如果一个岗位各方面条件不错，招聘专员收到的简历数量远大于岗位需求的，招聘专员要做的第一步一定是“减法”，快速缩小范围。在这个过程中，招聘专员审阅每份简历的时间和精力会非常有限，可能只有几秒钟，用“一目十行”来形容也不为过。

在第一步中，招聘专员经常用到的方法有两种：一种是“匹配”，类似“搜索关键词”。如果一个岗位已经有了明确定位和具体需求，招聘专员首先会关心你有无工作经验、专业是否对口等信息，能招到快速上手、胜任工作的才是最重要的，所以此时要的不是“优秀”，而是“匹配”。如果招聘专员发现简历中的一些关键词与岗位需求是匹配的，就会回头多看几眼，而后进入第二步的分析步骤。如果大致看完简历觉得应聘者与岗位需求没有太大的关联性，那应聘者可能就被归入待选或直接淘汰了。

有个朋友曾提到一次印象深刻的招聘，她所在的医药企业有一个招聘岗位，日常要做的工作是从小鼠的眼球中取血。这是一个非常具体、精细且相对偏门的工作，并不是所有人的教育经历或工作经历都能涉及，如果是没有工作经验的职场小白，其工作的速度和质量肯定会受到影响。所以，当她看了许多简历后，终于发现了一份有类似工作经历的，这让她心情非常激动。这种匹配程度极高的简历，对招聘专员来说也是很难得的。

我另一个求职的朋友也有过类似经历，和她一起去面试的有很多清华、北大的学生，还有海外知名学校的留学生，而她只是毕业于一所普通的 211 大学，当时她就感觉自己没希望了。面试的时候招聘负责人问她对物资采购管理、分类体系了解多少，她说我毕业论文写的就是这方面的，还当场调出了论文电子版，并简单介绍了一番。对方点点头，问她论文写了多长时间。她说前期的数据整理和分析过程比较长，后面单纯成文很快，初稿两三周就出来了。面试结束后她还没出电梯，招聘助理就打电话告诉她被录取了。她入职之后才知道，这个项目团队当时刚做完一个采购品类管理的项目，有一个紧急需求就是为这个项目撰写一份总结报告，她的毕业论文方向和能力与之几乎完美匹配，所以立马就录用了她。

找工作有时候真的很像找对象，匹配很重要，甚至还要靠一点儿缘分。

另一种情况是：招聘岗位没有太具体的需求，比如管培生，本来就是进公司之后再进行培养的，招聘专员会更注重应聘者的“培养价值”，用到的方法就是“筛选”，根据毕业院校、所学专业、外语等级、实习经历等硬指标来缩小范围。

在这一环节要提醒大家的是：如果你不是全国范围内非常知名的学校毕业生，可以在学校后面简单注上 985、211、双一流等。

如果专业排名非常有优势，也可以注上双一流专业、重点学科、学科评估 A+ 等信息。这样做的好处是能帮助招聘专员快速地筛选和判断。不要太相信招聘专员的业务能力，对方也可能是工作没多久的新手，一些比较冷门的985、211他们可能真没听说过，专业排名就更不了解了，你的注释能帮对方更好地了解你的优势。

在上述招聘过程中，不管是“搜索”还是“筛选”，都需要你将信息明确具体地传递给招聘专员，文字上尽量客观明确，少用形容词、总结词，尤其是不要进行文学性描述，因为你的简历所能获得的关注时间真的很短，一定要言简意赅且高效地呈现出你的优势。

通过了第一步的初筛，招聘专员会对你的简历进行第二步的“分析”。

在这个“分析”过程中，招聘专员会试图通过信息进一步判断你的特质和能力是否与需求匹配，同时还会判断你给出的信息是否真实。

一些夸大或作假的内容是很容易在这个环节被发现的，比如，简历中其他方面看起来并无亮点，但偏偏在大型重点项目中是中流砥柱的主笔人，这种违和的信息很容易被发现。举个例子，一位求职者在工作经历中提到当了一年厨师，却陈述自己擅长川菜、粤菜、鲁菜、淮扬菜……这远不如实事求是的好，还不如说自己主学川菜，拿手菜是宫保鸡丁、麻婆豆腐呢，这样反倒更显真诚。

在“分析”环节会出现“一票否决”的情况，如简历造假、过分夸大、专业硬伤（如专业术语使用错误等）、排版或表达混乱、两个及以上错别字等，还有一些就比较随机，看招聘专员的个人风格和偏好了。所以，大家要尽量避免这些，尤其是电子版简历，要尽量用PDF版，以免格式适配出现问题。

接下来，我结合前面的介绍，再分享两个具体简历，一个是“正面教材”，看你能找到多少亮点；一个是“反面教材”，看你能找出多少“槽点”。

基于保护隐私的需要，我对两份简历均做了必要的简化与修改。

正面教材

范贤

男·已婚·34岁·北京，fanxian1990@mail.com，151-0000-0000

求职意向：审计/财务

教育背景：

××大学 金融学/硕士学位 2012年9月至2014年6月

主修课程：××，××，×× 学分绩排名：前10%

××大学 会计学/学士学位 2008年9月至2012年6月

主修课程：××，××，×× 学分绩排名：前10%

工作经验：

××审计项目团队 项目总监 2019年3月至今

××会计师事务所 项目经理 2014年7月至2019年3月

项目描述：

客户为注册资本千亿级别的多元化投资集团，涉足房地产、金融、信息技术等多个领域，需结合不同行业特点采取有针对性的审计。同时，非标资产的估值减值涉及较强的主观判断，审计难度较大。

项目职责：

1. 充分结合专业能力及行业经验，打通知识壁垒。从业务和投资的视角解读客户的投资策略、金融模型与财务报表，并以“伙伴式审计”的策略参与客户的决策，充分揭示决策的财务影响和风险；

2. 主导金融工具的估值、减值的审计工作。带领团队通过独立建模的方式对场外衍生品、不动产以及非上市股权等复杂工具的估值和减值进行审计。

项目成果：

××.

×× 会计师事务所　　项目经理　　2014 年 7 月至 2019 年 3 月

项目描述：

××.

项目职责：

1. ××；

2. ××.

项目成果：

××.

职业技能：

CICPA，CFA Chart Holder，FRM

证券从业资格，基金从业资格

反面教材

姓　　名：李云瑞　　毕业院校：×× 大学

年　　龄：20 岁　　学　　历：本科

联系电话：133-0000-0000　　EMAIL：liyunrui2000@mail.com

教育背景：

2018—2022　　×× 大学　　本科

工作经历：

×× 公司 ×× 部员工　2022 年 7 月至今

我在 ×× 公司 ×× 部担任员工期间，完成了部门领导安排的 ××、××、×× 等多项工作。

在工作中我锻炼了自己的以下能力：

1. 沟通交流能力；
2. 团队协作能力；
3. 抗压能力；
4. 办公软件使用的能力。

实习经历：

××项目志愿者　　　　2019.3—2019.6

本人经过学校组织的培训，基本掌握了××项目志愿者必需的技能，项目中认真完成各项工作，根据项目负责人的需要及时完成临时性任务，多次获得学校“优秀志愿者”称号。

在项目中我提升了以下多方面的能力：

1. 良好的团队协作能力；

2. 良好的待人接物能力；

3. 专业能力。

兴趣爱好：

校田径运动会100米预赛小组第4名

课余时间钻研围棋

参加学院羽毛球比赛，获得团体第3名

技能与证书：

英语CET四级

熟练掌握WPS等办公软件的使用

我们来总结一下招聘专员喜欢的简历是什么样的。

排版干净整齐，表述清楚准确；对学校、专业、资格证等有简单注释，能帮助招聘专员快速了解；关键信息（个人优势、匹配点）突出，一目了然；用词客观准确，多用数据或实例，减少形容词、总结词和文学性描述；经历完整连贯，时间线清楚，工作内容清晰准确有价值；没有硬伤，没有错别字，没有虚假夸大。

换位思考一下，如果自己是招聘专员，面对几百份简历，要从中准确快速筛选出符合条件的，你会先看哪些信息？你最关心的是什么？其实答案已经有了。招聘专员也只是一个平凡的打工人，他希望和全天下打工人一样：不要增加我的工作难度，尽量说重点，让我能早点儿下班！

二、 第一份简历，从何写起?

大部分朋友写简历的方式是：上网搜一个模板，然后稍微改成自己的信息，再花钱去拍一张好看的照片贴上去，就完事了。

这样做错了吗？肯定是不严谨认真的。

你随机找到的那一份简历模板，不一定是多么优秀的，按照格式去填写修改，并不一定能真正突出你的特长。这样，你只是有了一份简历。

如果你不愿意多花一点儿时间和心思，而是从一开始就在应付这份简历，那么这份简历给你的回报，一定不会让你满意。因为在企业眼中，简历是了解你的唯一信息来源，完全代表了你的形象。

一份理想的简历是：重点突出，详略得当，能清晰明确地呈现出你自己。

其实，写简历也是一个让我们重新梳理和思考的机会，很多朋友觉得大学四年大家都差不多，自己也没太多的优势。但如果你好好梳理一下，可能就会对自己有一个重新的认识。今后的生活中也会遇到很多这种情况，停下脚步回头好好审视自己，往往会有新的收获。

第一步，先把自己所有的资料找出来

你上过的课程、成绩单，得过的所有奖项，参加过的学生工作、志愿活动，实习、兼职……所有的这些经历，全部找出来、列出来。这时候，你就有了一个数据库，这个数据库里涵盖了你所有能够真实写出来的成绩。

第二步，开始对这些数据进行整理和分类

哪些可以归类，哪里要重点写，通常来讲，分以下几个部分。

（1）个人信息。包括姓名、年龄、党团、籍贯、联系方式等，尽量完整且清晰，不避讳、不隐瞒，真实展示即可；如果有明确的求职意向也可以写上。

（2）教育经历。学历教育，标清楚全日制和非全日制的教育信息，院校、专业、起止时间，便于招聘专员或面试官整理核对时间线，成绩排名、辅修专业、交换生或访学经历等，可以在这个部分展示，所学课程不是必需项，可以不写。

如果有含金量很高的证书，要在第一部分同时展示出来，例如会计职业资格证书考试已经通过哪几科，法律从业资格考试已经通过客观题等。

（3）实习经历。对应届生的简历来说，实习经历非常重要，除了能够反映你的工作能力，更是证明你已从学生状态开始步入社会，完成了初步的过渡。

写这一部分时，实习的所在公司、时间段、岗位或职务要写清晰，对具体的工作任务及成绩要进行总结提炼，能量化的就用数字来表明，不能量化的以具有标识性的结果表明；不要用浮夸、不具体的形容词，例如

“承担重要工作”“完成多项任务”等，信息传达要简单明确。

不要过分夸大、美化自己的作用，没有做的事情不要瞎写，不是自己的成绩不要硬说，实事求是就可以。如果为了夸耀自己写了假话，后面被拆穿，很容易被一票否决，反而失去了应得的机会。

例如，这么写就相当于什么也没说。

> 在××公司实习，负责公司的业务洽谈、商务谈判、客户接待等多项重要工作，全面参与公司业务，圆满完成领导交办的各项任务。

改成这么写，反而脚踏实地一些。

> 在××公司担任采购助理一职，随主管拜访面谈供应商30余家，完整参与公司采购业务的市场调研、供应商对比、谈判及招投标工作，独立负责15家供应商的市场调研及横向对比，完成市场调研报告3万字。

如果你的实习经历没什么好写的，也可以将一些社会实践内容合并进去，例如跟导师做项目、做市场调研之类的工作。

（1）在校期间参与过学生活动及志愿项目等。重点突出个人在其中所扮演的角色、具体做的事情、所达成的目标或结果。注意，这里一定要体现自己的作用，不要介绍了半天活动多么厉害，但没说清自己具体的工作和价值体现在哪里，或者简单地把整个活动的成功全归功于自己。描述时注意逻辑条理清晰，避免流水账、重点不突出。

（2）其他获奖证书及个人特长。很多朋友大学期间参与过辩论赛、演讲、歌手大赛、话剧节、体育活动等，如果获奖都可展现出来，这也是个人综合能力的一部分。我还看过有的简历中写道："会维修调试市面上绝大多数型号的打印机。"这其实也是加分项，让我印象非常深刻。

如果篇幅合适，在个人信息或者个人特长部分，可以增加个人的综述或总结，用几句话形容或描述自己，诚恳地总结优势，不要空话、套话，不要使用浮夸的形容词，最好用短句稍加补充论证。例如，领导能力强，曾组织策划 5 场 3000 人以上的大型活动。

第三步，做完信息的整理后，再去找一个模板，开始美化简历

有朋友问过我，是内容重要，还是模板重要？

我说，模板不行，早早挂掉；内容不行，迟早挂掉。

有些简历，让人一个字都懒得看，实在是太丑、太简陋了，表格对不齐，字体不统一，一看就是随便粘贴、强行塞进一个不合适的模板里的。虽然模板都是现成的，但真的差别极大。给招聘专员的第一印象就觉得这个人都不知道简历怎么写，甚至也不愿意花一点点时间去好好打磨。

那是不是搞个高端的模板，甚至花钱找人设计一下就可以了？也不是。因为别人不是来看你的模板的，主要是看你的内容。

这里有个小细节一定要注意，为什么我们刚才说了半天，让大家先整理信息，而不是先找模板呢？

排版也是一种信息交流。排版的过程，也是一种信息呈现和思考整理的过程。我们通过前面的整理，已经对自己手里有什么加分项做到了心中有数，那么在整理简历的过程中，就要重点突出出来，让人家一眼能够看清楚。

如果只用固定模板往里塞，其实就被现有的框架牵着鼻子走了。最好

是你先知道“我是什么、我要什么”，再去找适合自己的，而不是找到了什么就用什么，被动地根据模板做简历。有些简历模板看上去华丽，但在信息呈现和视觉上有时反倒会成为障碍，所以，简历不用过于花哨，简单清晰明了即可。

通常，简历是黑白打印的，尽量不要用色块太多的模板，如果打出来黑乎乎一片，非常影响阅读。排版美化是为了更好的视觉传达，不要本末倒置。至于简历封面、铜版纸印刷等别出心裁的环节，更是建议全都放弃。想象一下，若自己是招聘专员，一天要看上百份简历，你还有心情欣赏模板或配色吗？当然是更希望简历上的关键信息能一目了然地摆在你面前。

有一些招聘网站有固定的信息填写模板，信息填完后，会自动生成一份简历，你也可以通过这个方法先参考一下，因为这样的模板往往是当前比较流行的。

第四步，简历写完后，一定要反复检查，不断地更新打磨

强烈建议大家多检查几遍自己的简历，不要出现低级的错误，如错别字，尽量一个都不要出现。面试官不是来相亲的，没有义务深刻、全面地了解你，有时候一两个错别字就足以让他决定淘汰一份简历。

还有一些细节，例如字体、格式、行距是否统一，是否整洁清爽，这跟高考时的卷面分相似，是多花些时间和耐心就能避免的低级失误，能避免的就千万要避免，以免因小失大。

因为行距、错别字就否定一个人，有些人可能会觉得太过严苛。如果你是领导，你愿意招聘一个在重要文档上出现错别字、还需要你去帮忙检查的下属吗？

三、 简历也会“太长不看”吗？

简历写得太长，对方会不会根本没看完？一定会的。

简历首先就要“简”，要简单概括总结，而不是从头开始交代自己的人生。当你洋洋洒洒写了三四页，但真正值得看的没多少东西的时候，招聘专员会倾向于认为你能力有限：至少你缺乏概括总结的能力，没有重点。

说实话，绝大部分的人还没有优秀到一张纸都放不下的地步。如果真那么优秀，也一定能拎出一张纸的重点，可以把不那么优秀的地方稍微减掉一些。比如，你在某些比赛中获过奖，提了全国赛的冠军，就没必要再说新生赛的四强了。

有人觉得招聘专员这样做很不尊重人，自己认真写了这么多，仅仅因为篇幅过长就不看了，缺乏耐心，没有给予别人足够的尊重。但我们换位思考一下，对方也很无辜，他只是一个基层的员工，负责筛选简历，找一个与岗位匹配的人，并不想完整地了解候选人的人生。你的简历如果清晰明了、重点突出，他能一眼看明白，自然也就更倾向通过这份简历。

与其隔空谴责招聘专员（对有些朋友来说，未来你也可能会从事招聘工作，你面对的招聘专员很可能就是未来的自己），不如把时间用在升级简历上。

如果你的经历真的非常丰富，那么如何删繁就简、突出重点呢？

并不是所有的经历都会成为你的加分项，也并不是所有的经历都要写出来。要找到那些能真正体现你的价值和能力的事情，并且把这些经历重点突出出来。如果把所有参加过的东西都放上去，只会冲淡你真正有价值、有意义的经历。

当你写一项经历的时候，要想清楚，它体现了你有什么样的价值，展现了你什么样的能力，而不是单纯地表示：这事我见过，我接触过。这样的论证是没有意义的，也很难加分。如果真的篇幅超了，那就舍弃一些加分弱的经历。

比如我一个朋友，他研究生毕业后找工作，认真地把自己从本科到研究生所有的学生工作、实习经历、论文发表等全部整齐地列在了简历上。他有两篇非常知名的论文，其中一篇在本科时就发表在了核心期刊上，在当时是很轰动的。但他并列写进去后，如果不仔细阅读，就很难被发现。而他的一些学生工作，如大二时在 ×× 办公室工作了一年，其实大部分是打杂，没什么加分意义。

我们大概还原一下这个例子。原来的简历：

学生工作及项目工作：

2011—2012，在 ×× 办公室，负责文件整理、稿件校对、公文传递等工作。

2012—2013，在 ×× 项目组，负责工作进度管理及稿件统筹等工作。

2014—2015，在 ×× 项目组，负责 ×× 项目的 ×× 部分撰写工作。

……

问题所在

学生工作和项目工作混在一起，比较杂乱；

第一条工作没有太多意义，都是打杂的，可以去掉，去掉之后本部分仅写项目工作即可；

仅说是“××项目组”，不明白项目的重要程度及级别；项目按照时间罗列，比较重要的国家项目也混在其中，看起来平平无奇；

项目工作比较多，可以做一个简单的总结。

修改思路

（1）每个小节增加一两句简要总结，整体概括并突出重点；

（2）先按重要程度分级，再按时间前后排序，有重点内容的可以补充阐述。

修改后

【项目工作】参与国家级项目 1 项、省部级重点项目 3 项，撰写报告约 20 万字。

（1）××项目（国家级），负责××部分的调研及内容撰写，该项目为国家重点项目，项目报告获评××奖项（2014—2015）；

（2）××项目（省部级重点），负责××部分研究及内容撰写（2015—2016）；

（3）××项目（省部级重点），负责工作进度管理及稿件统筹等工作（2012—2013）。

原来简历的论文部分：

［1］ ××研究，××期刊，p35-37，2013.08；

［2］ ××研究，××会议，p100-105，2015.02；

［3］ ××研究，××期刊，p12-15，2016.08。

……

问题所在

论文按照时间顺序罗列，虽然看着很整齐，但给别人的信息只有“多”，却没有“质量”。对方只能从“××会议”或“××期刊”来判断含金量，如果对行业不是很了解，很难一眼看出来真正有价值的地方。

修改思路

【论文发表】核心期刊3篇，××检索5篇，均为一作；大三在行业顶刊发表论文，获当年××奖项。

☆ **核心期刊**

［1］××研究，××期刊，p35—37，2013.08；**获××奖项**。

［2］××研究，××会议，p100—105，2015.02。

☆ **××检索**

［3］××研究，××期刊，p12—15，2016.08。

大概的修改思路就是：开头先有一两句的总结，后面再详细写，有价值的地方一定要说出来，不要指望别人慧眼识珠。没有太多加分意义的项目要舍得删掉，有些项目能合并的尽量合并。总结描述的时候，尽量用词准确，能用确切成果的就不要用概括性的形容词。比如“承担多项重要工作”“取得良好的工作效果”“完美完成本职工作，获得同事和领导的一致好评”，这类描述“说了等于没说”，没有传达任何有意义的信息，不如实实在在地写自己做了什么。尤其是不要刻意玩文字游戏，去过分地夸张、美化自己做的一些项目。

我之前见过一个孩子在律所实习，他在简历上写道：“负责关键性文件及询证函的传递业务。”这话蒙外行人可能还管用，但对内行人来讲，我们能很清楚地看出来，这其实就是一个发快递的工作，你把一个发快递的工作描述成这样，那么其他工作估计也是掺水的。

那么正确的应该怎么写呢？不要夸张，实实在在地写点实际的进展。举个例子，比如公司之前的工作效率是每天只能发 50 份快递，并且可能有错漏，但你接手后通过流程优化，改进了工作方法，把快递的寄送效率提高到了一天 300 份，无一错漏，大幅提高了工作效率和工作质量，这就是一个有说服力的加分项。

不要把自己做的小事吹得特别大，而是要想明白哪些项目能体现自己的价值。即便它只是一件小事，但是能把这件小事做好、做精，就是你的能力所在。

四、别拿同一版简历投给所有目标岗位

很多朋友有这个误区，那就是从最开始做好了一份简历，然后大量地投递，甚至做好后自己都没仔细看过。

这个做法，至少犯了两个错误。

第一，不能只有一份简历

大部分的时候，我们的求职意向是比较广泛的，而这个广泛里面仍旧能够分出类来。例如，一些工作岗位需要应聘者有较强的外部沟通能力，另一些工作岗位则需要应聘者有较强的资料处理能力，如文字功底、数据分析功底。

大部分时候，我们的优点也不止一个。成绩、能力、奖项、英语……我们要做的是尽量突出自己的优点，并且尽量让自己的优点和工作岗位匹配上。

有人说，那岂不是给每个公司都要单独定制一份简历，也太辛苦了吧？

其实没有必要，我们可以准备 3 ~ 4 个版本的简历，一份是综合性的，其他几份分别突出自己不同的优势，投递时评估一下哪份简历和岗位更匹配就行。而且也不需要每份都重写，把重点的内容、能力突出即可，比如各个模块交换一下位置，或者在求职意向及个人综述方面好好写一写。这样，就能以较低的成本增加匹配度。

招聘专员阅读每份简历的时间非常短，不可能逐字逐句地去看，更不可能全面了解你的所有信息，所以需要你把自己最匹配的能力尽可能地呈现出来，争取让对方一眼就能看到。做一些小小的修改，就能大幅提高概率，还是很划算的。

写好简历一字不改，这个做法也有缺点。

我们刚开始写简历、找工作的时候，算是萌新状态。但随着时间的推进，自己也慢慢有了更明确的思路，或者对用人单位的需求有了更准确的理解。你的能力其实相比刚开始的时候已经有了提升，你回头去看最开始的简历，其实能发现很多值得改进的地方。可以参考学习一下周边优秀朋友的简历，择其善者而从之。再好好审视一番自己的简历，修改一下，并持续改进下去，就能不断地提升自己。

第二，不要抱着简历只做一次、一步到位、贯穿到底的思路，不断地思考改进才有提升

我不建议大家在简历上偷懒，因为简历是你递出去的门面，是你个人的全面代表和象征，在这件事情上图省事，糊弄人，是很不明智的。

五、简历可不可以适当“包装”？

有个学生曾跟我抱怨，说他的简历都是实事求是地写的，但他的一些同学就不是这样，比如会写上“在学生会 ×× 部门工作过”，其实都是杜撰的。但别人觉得，反正也不可能有人去查证或举报这件事，写上也没关系。

这种情况我怕自己说得不准确，还专门咨询了几个负责招聘的朋友，结果大家的思路很一致：大家都知道存在注水的情况，所以也不会轻易相信。通常不仅要看他写了什么，还要看他干了什么。如果一个人写了 ×× 学生会的工作经历，却又没有任何具体内容，那么不管他是全程打杂摸鱼的，还是干脆凭空杜撰的，这一项都没有任何的加分意义。如果面试阶段聊到这里，发现简历有造假成分，通常会一票否决。因为已经知道你造假了，那就没必要再耗费时间、精力去分辨其他部分是否真实了。

有时候会刷到一些帖子，看到大家说自己小时候撒谎的故事，当时觉得非常真实，其实大人一眼就能看出来怎么回事。求职阶段其实也是这样。招聘专员已经见过太多份简历，很多时候的“小聪明”是不太起作用的，风险远远高于收益。

那么，如果不说谎，而是适当“夸张”“包装”一下呢？

看过一个笑话：某应聘者说自己曾参与国家级科研项目，并且作为小组带头人率领10人以上团队圆满完成了科研任务，再问具体是做什么的，其实就是测核酸的时候，他是拿管的小组长。

这是一个纯娱乐性质的网络段子，但现实中真有人这样去过分美化自己的工作。比如，只是在一个项目里帮老师整理贴发票，但描述中是“独立承担项目的重要板块，是项目成功不可或缺的中坚力量”。

如果这件事你写了也没人在意，或者一眼就能看穿是瞎写的，那就没有任何意义。

如果这件事你写了别人很感兴趣，面试时多问几句，也会被拆穿，那你就彻底失去了这次机会。

左算右算，都是不划算的。还是建议不要这样做，免得聪明反被聪明误。有的朋友这样做，是觉得自己的简历太空，看上去不好看，所以想多写点儿东西，把简历填满。除了这种杜撰夸张的，也有人会事无巨细地把自己的经历详细呈现。

我和很多负责招聘的朋友交流的时候有一个共同的观感：如果有些事情你没有用心去做，那还不如不做。比如，我看过的一些简历，上面写着“曾给社区的小朋友们讲过一次课（半小时）”，像这样的经历，对你个人能力的体现是没有什么意义的，如果强行展示出来，只会有凑数的感觉，让人觉得你也没做什么有价值的事情。

还有一份我印象非常深刻的简历，他的“实习经历”写了整整一页半，比所有人的都多，把每一项实习经历的工作内容都罗列了出来。但如果仔细看，会发现大部分实习只有几周的时间，内容也很简单，但在他的描述中，自己在这份短暂又简单的工作经历中扮演了非常重要的角色，做了很多关键的事情，非常深刻和有价值。这种夸大的描述其实都会变成减分项。

那么正确的做法是什么呢？我们不妨先承认一件事情：当我们需要这么去包装、夸张的时候，心里要明白，自己做的那些工作大部分是在打杂。

但这又有什么关系呢？有几个在校生实习时是直接当高管的？有几个本科生在大二大三时参加项目组是去当主笔人的？打杂也有打杂的意义。如果你真的从每一段经历中都能有思考、收获和成长，那就比别人更有意义。

所以，我们也不妨问问自己，每一段实习经历给自己的成长带来的是什么。其实，你做简历的过程，也是重新审视自己的过程。你重新思考自己的经历，思考自己在实习中的收获，思考自己真正的优点在哪里，把这些展示给大家即可。

我曾看过一份简历，应聘者提到在项目组的工作就是问卷数据收集。这是一个交通出行的项目，他们需要采用纸质问卷，去实地找人一对一填写。这本来是一个枯燥乏味的重复劳动，似乎没什么技术含量，但这孩子专门提到，他通过总结经验和调整方法，把效率从一开始的一天几份提升到了一天几十份，并且将经验总结之后做了 PPT，推广至全项目组，这几年很多老师都慕名来找他给自己的学生做培训。这一段经历就非常能展示他善于思考、应变能力强、学习能力强的特点。他的这个经历，比直接夸自己“学习能力强”更加立体、更有说服力。整理实习经历的过程，也是对自己反思的过程。我们也不妨问问自己，那些看似无聊的工作，有没有给我们带来成长和思考？我们在一段工作中真正的收获是什么？很多事情我们做了，但没有思考。经常整理反思，也是一种进步的方式。

还有一个问题我觉得很有趣：近年流行的“互联网黑话”，那种“赋能”“抓手”“底层逻辑”“组合拳”等用词，在简历中算加分项还是减分项呢？有的朋友觉得，这些话说起来感觉很“圈内人”，能够体现自己对行业的理解，甚至会专门去学习这种“高端词汇”的使用。

我的建议是，如果你真的很熟悉，自然而然地用几个词也没问题。如果你强行拿这些词汇包装自己，希望通过这种方式让自己显得很高端，那就建议不要用。

简历中所有的语言词汇，最重要的功能是“沟通”，而不是“包装”。不管你用黑话、文言文、诗词，都是同样的效果：降低了沟通效率，提升了沟通成本。故弄玄虚只会降低信息的传递效率，让简历的价值大打折扣。

在这一节的最后，我再多絮叨几句：不管你是什么样的人，都会有人喜欢你，有人不喜欢你；有人需要你，有人不需要你。如果你强行把自己伪装成另外一种人，不仅失去了本该需要你的人，也无法真正地伪装成新人，获得真正的认同。接纳自己，做好自己，不断地升级自己——这个方法看起来很笨，但有时候太聪明的人反而会绕远路。

六、　一想就头大的英文简历

承认吧！写英文简历真的太痛苦啦！

大部分人其实一直没有做过大篇幅正规文件的“中译英”工作，甚至等到真正工作了以后，也很少有机会处理这种工作。但在找工作的过程中，英文简历、英文笔试面试，似乎又是必不可少的。这让很多朋友很痛苦：过去没有经历过，未来应该也不会从事，但现在就是需要做。

有的朋友会有自暴自弃的想法：我能不能直接就不做英文简历了？本来英语就一般，让我做英语水平太高的工作，我也做不了，放弃算了。

我们先说一下，为什么你的工作不太可能用到英文，但是你的简历、面试笔试会有英文？

首先，不常用到，不代表完全用不到。偶尔还是会赶鸭子上架需要一些的。如果完全不会英语或者实在太差，那就需要再给你配一个助理来补足，成本太高了。换句话说，你今后的工作内容有可能也跟今天的英文简历一样：偶尔需要做一下，不需要水平太高，能自己做完就可以。从这个角度讲，要求有英文简历还是很有必要的。而且现在竞争这么激烈，好公司通常会把要求提高一点儿，缩小筛选范围。

其次，毕业绝对不是一个分水岭，毕业之前只有学习（输入），毕业之后只有工作（输出）。你在工作中也是会继续学习的，可能一开始英语不太好，用得多了，凑合凑合也就可以了。

所以，英文简历还是有必要做一下的。其实，在今天有翻译软件的情况下，找几份优秀简历对照一下，做英文简历并不算太难。这里面最大的难点，其实并不是英语水平，而是心理上的畏难情绪——难度可以克服，主要是痛苦。

如果你一想起来就头大，那就放弃想象这个难度，改为直接咬紧牙关做出来算了，就当锻炼自己了。在今后的工作中，还会有很多类似的情况，是你不擅长、很痛苦、需要咬着牙干完的，习惯就好了。太舒服的事情无法带来成长，就这样咬着牙坚持坚持，忽然有一天会发现，自己比想象中走了更远、更好的路。

第五章

笔试

考验硬功夫，但也有套路

一、了解笔试题的类型

当我们的简历幸运地通过公司的系统审核或人力资源管理者审核后，进入了公司选拔的门槛，接下来拼杀的第一环，当属笔试。

尽管形式上与校园考试相似——都是以填写的方法考核应聘者的学识水平，但公司笔试内容的广度、深度及灵活性，却远非单纯的校园学术考试所能比拟的。这个看似熟悉却又充满未知的环节，不仅是对应聘者知识掌握程度的考察，更是对个人适应能力、应变能力和心理素质的全面检验。我们将在这一节，深入探讨各类常见的笔试类型。

首先是笔试的题型分类。总的来说，各个公司的笔试都会在下述各种基础题型中组合搭配，设计出最适配于本公司需求的一套独特题目。各个公司的笔试题看似五花八门，但内核万变不离其宗，只要掌握了基本题型，就掌握了应对的密码。下面，我们一起来分析基础笔试题型，并通过范例加以说明。

基础知识测试

基础知识测试主要考察应聘者在特定领域的理论知识掌握程度，如数学、外语、计算机科学基础等。这类题型多采用选择题、填空题或简答题形式，侧重检验求职者的基础理论功底。

题目示例：

- 经济学或商科领域的基础知识选择题题目：

以下哪一项是在描述市场结构中的完全竞争特点？

A. 存在少数几家大企业，每家企业都能影响市场价格

B. 企业生产的产品具有高度差异化，消费者对品牌有忠诚度

C. 市场上有很多买家和卖家，且产品是同质化的，企业无法控制价格

D. 进入和退出市场存在高壁垒，如专利保护或高昂的初始投资

- 数据库管理学科中的填空题题目：

请写出 SQL（结构化查询语言）中用于查询所有列的通配符：

____

____

____

____

逻辑推理题

逻辑推理题旨在测试应聘者的逻辑思维能力、批判性思维及解决问题的能力。这类题目通常包括图形推理、数字序列、逻辑判断等，要求求职者在短时间内快速准确地找到规律或解答。

题目示例：

- **图形推理：如下图所示，哪一块图案适合填在图形的空白处？**

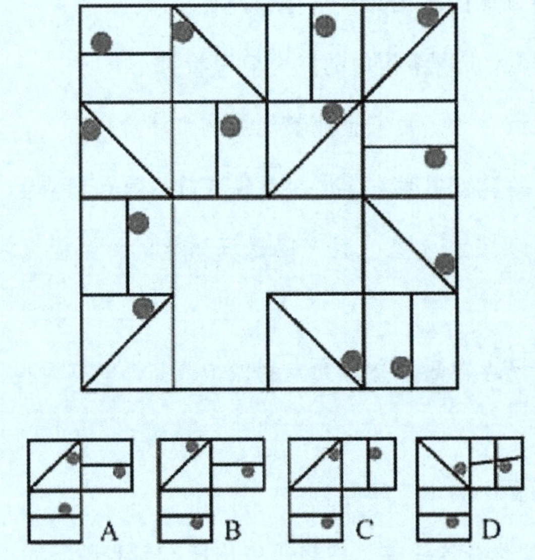

- **逻辑判断：所有 A 班的学生都喜欢足球。小李不喜欢足球。问小李属于哪个班级？**

A. A 班

B. 不是 A 班

C. 无法确定

案例分析题

案例分析题着重考察应聘者将理论知识应用于实际情况的能力，通常围绕具体行业或具体公司业务场景设计。这类题目需要求职者分析问题、提出解决方案并论证其合理性。

题目示例：

- **某电商平台用户增长放缓，请分析原因并提出三个促进增长的策略。**

编程题或技术实操题

针对特定技术岗位，编程题或技术实操题是必考项目，主要检验求职者的实际编程能力或软件操作技能。

题目示例：

- **请用 Python 实现一个冒泡排序算法。**
- **设计一个小型数据库模型，满足给定的业务需求。**

创新能力题

创新能力题鼓励应聘者展现创意与独特视角，如设计新产品、提出新思路等。此类题目不设固定答案，旨在激发求职者的想象力和创造力。

题目示例：

- **如果你是某社交平台的产品经理，如何设计一个功能来提高用户黏性？**

性格测试和心理测评

这类题型虽然不直接测试专业知识，但可以通过一系列选择题来评估个人的性格特质、工作风格、团队合作能力、情绪稳定性、社交偏好、应对策略等方面。一般情况下，单一题目不能完全代表个人的整体性格，而是通过一系列题目的综合分析来构建个人的性格轮廓。

题目示例：

想象你在周末计划和几位朋友一起去郊外徒步旅行，但出发当天早晨突然下起了大雨。考虑到天气预报显示整天都将有雨，你的朋友们提议改天再出发。此时，你的反应更倾向于：

A. 坚持按原计划行动，认为雨中徒步别有一番风味，而且大家已经准备好，不应轻易放弃

B. 虽然有些失望，但同意改变计划，认为安全和舒适度更重要，提议找一个室内活动替代

C. 表示无所谓，跟随大多数人的意见，自己怎么安排都可以

D. 感到沮丧，认为这次计划失败反映了组织者的无能，对未来的类似活动失去信心

以上内容概括了笔试题型的基本范畴。掌握了这些基本类型后，建议大家根据个人的职业目标，深入细化备试策略，对题型进行更宏观且有针对性的分类。比如，针对不同领域的特定要求，题型可以再行归类为：国家公务员笔试题型、教师资格认证笔试题型、事业单位招聘笔试题型、大型互联网企业笔试题型、金融行业笔试题型、咨询领域笔试题型，以及快速消费品行业笔试题型等。在每一个宏观分类下，虽然具体题目各具特色，但基本题型的结构和组合方式往往呈现出相似的模式，可以为大家提供有章可循的准备路径。

从另一个维度审视，笔试也可依据考试地点的不同来进行分类。以往，笔试普遍采取线下、纸质的形式进行，但随着时代的发展，线上笔试作为一种新兴趋势，在众多行业及企业中迅速普及。有的线上笔试，需要求职者前往公司指定考场，在规定时间内统一完成机考；有的线上笔试，会直接将笔试链接发送到求职者的邮箱，要求大家在规定时间内完成。

线上笔试为求职者提供了极大的便利：规避了纸质试卷可能出现的答题卡涂卡错误、姓名误写漏写、试卷书写错误等传统问题；不用统一前往考试地点的线上笔试，无须大家远行，仅需在宿舍或咖啡馆等心仪环境中即可应试，极大提升了考试的时间与地点灵活性，同时有效规避了交通堵

塞、环境不适等可能干扰考试表现的外部因素。不过，线上笔试也对网络条件及考试设备提出了更高标准，对自觉性和自律性提出了更高的挑战，需要同学们对此做好相应的准备。

相比之下，线下笔试则维持了一种更为经典与稳定的模式。在专设的考场环境中，其营造的严谨与专业氛围有助于考生更好地聚焦注意力，激发最佳状态。然而，这要求考生预先安排考场访问路线与交通方式，在时间和精力管理上向求职者提出了更多挑战。因此，在笔试筹备阶段，充分认识线上与线下笔试的不同特点，并据此做出合理规划与准备，对每位求职者而言至关重要。

二、笔试有什么套路？

在深入探索笔试的多种题型后，我们紧接着开启一段旅程，去揭开笔试背后的那些策略性和技巧性的“面纱”。这些“套路”实质上指的是在笔试过程中，那些被验证有效的解题路径和应试智慧。尽管有些人可能对“套路”一词嗤之以鼻，认为展现真实的自我和实力才是一切的关键，但不可否认的是，在众多求职者中，那些能够巧妙运用解题策略、高效且准确地解答问题的人，往往能更快吸引招聘官的注意，并在激烈的选拔中占据优势地位。掌握并灵活运用这些“套路”，其实也是个人能力的一种体现，表明求职者对这次机会的重视，并愿意为之付出努力和准备。

标准化测试已成为众多公司笔试的首选模式，这意味着题目设计虽千变万化，但背后却遵循着一套可识别的规律和模式。洞悉并熟练驾驭这些模式，即“套路”，能够让求职者在紧迫的考试时间内迅速辨认题型，高效利用已知的解题技巧，合理分配时间，集中精力攻克难题，最终提升答题的精确度。

下面，让我们一起深入挖掘几个典型的笔试套路及其应对之策。

时间压力测试

套路解析：这通常意味着笔试中设置的答题时间极为紧凑，以此测试求职者在高压状态下的应对和效率。

应对策略：提前进行模拟训练，熟悉题型，学会快速筛选简单题和高分题，然后优先处理，科学规划时间。通过频繁的限时练习，可以显著提升解题速度和时间管理技巧，减轻考场紧张，提高抗压能力。

隐藏的逻辑推理题

套路解析：在专业科目考查中，命题人常巧妙穿插高级专业术语或行业内部术语，以此作为检验应聘者对该领域熟悉度及自学能力的试金石。这些术语看似构成理解障碍，实则是甄别专业知识掌握深度的有效工具。

应对策略：未雨绸缪，方能稳操胜券。成功的备考策略在于平日的积累，而非考前突击，应当系统地巩固基础知识，熟稔各类专业词汇，构建坚实的学术词汇库。若真遇生僻术语，切勿惊慌失措，可以冷静分析上下文线索，利用语境逻辑推敲其潜在意义，或借助相似概念进行合理推测回答。如此，不仅展现了灵活应变的能力，也证明了在面对未知挑战时的沉稳与理智。

心理测评陷阱

套路解析：部分公司会在笔试中加入心理测评元素，如我们上一节所说的性格测试、情绪稳定性测试等，以此评估应聘者的心理素质和职业匹配度。目前，约 80% 的有心理测评的公司笔试会以大五人格为基准，迈尔斯布里格斯性格测试还没有被广泛应用。

应对策略：部分求职者可能倾向于依据岗位特性，在心理测评中略作策略调整，譬如，倾向展现财务岗所需的谨慎内省，或前台岗偏好的开朗亲和及设计岗追求的创意思维。然而，相较于一味迎合岗位预期，深入自省与个性评估显得更为重要。建议秉持真诚的态度，保持个性的真实一致性，无须过分追求预设的理想形象，毕竟，企业更青睐个人特质与企业文化、岗位需求的自然契合。求职之旅，本质上是一个自我再认识的过程，目标不应是盲目追求每个机会，而是精准把握那些与自身特质相辅相成的契机。

情景模拟或案例分析题的现实考量

套路解析：此类题目通过构建虚拟却贴近实际的工作情境，不仅检验应聘者在职业判断上的敏锐度，还深入考察其团队协作的协调力与面对突发事件的应变智慧。这不仅是对应聘者专业技能的单一评估，更是对其综合素养的全方位考量。

应对策略：为有效应对，建议融合个人的实际实习经历与专业理论积淀，展现问题解决思路。同时，要在答案中彰显团队精神、领导潜质以及全面的职业素养，让评审者能直观感受到你作为团队中不可或缺的一员所散发的光芒。更进一步，主动出击，针对期望涉足的行业，搜集并研习经典案例，从中提炼解题模板与分析框架，按照既定的逻辑与标准作答，确保每次练习都能精准对接职场需求，步步为营，提高解题的实战效率与精准度。

专业术语的障眼法

套路解析：在专业考试中，有的题目中可能会故意使用复杂的术语或行业黑话，测试应聘者对领域的熟悉程度和学习能力。

应对策略：功夫要下在笔试之前，而不是临时抱佛脚，要扎实掌握基础知识，熟悉行业术语；如果仍然遇到不熟悉的词汇，不要慌张，尝试从上下文推断其含义，或以相近概念作答。

特定行业笔试套路简述

不同行业有其特定的笔试模式，如公务员考试的行测与申论，银行和互联网公司的算法与营销分析，教师资格证考试的知识点记忆等。针对这些特定领域，市面上有许多专门的培训资源和书籍可供参考，虽不在此详述，但提醒求职者根据自身目标，有选择性地准备。

其他通用策略

·时间管理：合理分配每部分的答题时间，避免在某一道题上耗费过多时间。

·复习策略：根据考试大纲和高频考点安排复习计划，查漏补缺。

·心理调适：保持良好的心态，考试前适当放松，保证充足睡眠。

·知识储备：除了学校学习的专业知识，每天利用空闲时间多浏览求职目标行业的新闻、公众号、书籍等资讯，并做思考笔记；针对行业知识、公司知识和岗位认知三个方面做好充分的了解。

总之，求职笔试是一场知识、策略与心理素质的综合比拼。灵活运用各种套路，同时不断提升个人综合能力和创新思维，才能在众多求职者中脱颖而出，赢得心仪的职位。当然，也要谨记，过分依赖“套路”可能会限制个人潜能的展现，特别是在考查创新和实际应用能力的考试中。因此，平衡策略与个人特质的发展，才是长远之计。

三、刷题真的有用吗？

对于我们这些在学海无涯中经历了无数次考试洗礼的广大学子而言，“刷题”自然而然地会成为大部分人应对笔试挑战的首选策略。然而，当舞台从校园转换到职场后，考试的宗旨与衡量标准也随之改变，刷题真的还有用吗？

知己知彼，方能百战不殆

让我们从“战略高度”审视笔试！如古代兵法所云：“知己知彼，百战不殆。”不同的公司和行业，笔试内容和形式千差万别，刷题可以帮助大家快速熟悉各类题型，以及考试的具体流程和时间安排，减少考试时的陌生感和紧张情绪。

一方面，正所谓“熟能生巧”，反复练习同类题目能够显著提升解题速度，帮助我们在有限时间内解答更多题目或有更充裕的时间思考难题。每种类型的题目都有其特定的解题思路和技巧，刷题不仅是记忆知识点的过程，更是学习如何高效解题的过程。通过大量练习，大家可以逐渐内化解题策略，提升解决问题的灵活性和创新能力。同时，通过不断的错误纠正和技巧提炼，也能有效提高解题的准确率。刷题过程中遇到的难题和错误能直观反映出个人的知识薄弱点，为后续的针对性复习提供了方向。通过查漏补缺、重点突破，可以确保在正式笔试中不被同一类问题绊倒。

另一方面，频繁的模拟练习有助于培养良好的考试心态，减轻考试焦虑。熟悉感和自信的建立能让我们在真正笔试时更加从容不迫，发挥出最佳状态。职场笔试往往时间紧迫，题量大，刷题模拟这种高强度的考试环境，有助于锻炼在压力下高效思考和作答的能力，避免因为临阵磨枪，受不了高压环境而影响正常水平的发挥。

综上所述，刷题是提升笔试表现、增强竞争力的有效途径。它不仅关乎知识的积累，更是一种对考试策略、时间管理及心理调适的全方位训练。

笔者认为，在刷题过程中，寻找真题是策略的关键一步。虽然模拟题也有其价值，特别是在真题数量不足的情况下可以作为有效的补充，但真题还是有其独特的优势，是备考中最宝贵的资源。因为真题是历年的笔试原题，直接反映了笔试的真实要求和风格，具有很高的典型性和代表性。相比模拟题，真题更能准确还原笔试的难度、题型结构及出题方向，因此更具权威性。通过分析历年真题，我们还可以洞察笔试的趋势变化和公司的用人要点，包括哪些知识点是高频考点、哪些类型的题目出现频率较高，从而在复习时有所侧重。

那么在刷题过程中，如何找真题呢？互联网时代，我们在网络上获取资源相对便捷，轻轻松松就可以搜索到一堆真题，但需注意甄别信息的准确性和时效性。以下是几个获取真题的有效渠道。

· **公司官网及招聘页面：** 部分公司会直接在其官网上提供历年的笔试样题或模拟题，这是最直接、最权威的来源。

· **网络社群：** 加入笔试真题相关群或知识星球，这里往往聚集了众多经验丰富的求职者，他们乐于共享自己的经验和手头的资料。如果我们通过了笔试，也可以继续将这份助人精神薪火相传。

· **在线教育平台：** 一些专注于职业培训的网站或 APP，会提供历年真题，还会有详细的解题思路和视频讲解。

· **学长学姐的"内部资料"：** 不要忽视你的校友网络，向前辈求助，他们可能会慷慨地分享自己的笔试备战资料和心得。

找到真题只是开始，高效且有策略地刷题才是王道。如何刷题才更有效？

· **制订计划：** 应届生求职的时间线，往往是有迹可循的，各大公司和机构的笔试、面试时间，每年都不会相差太多。大家可以做足搜索的功课，根据不同企业和机构公示的笔试时间安排，合理规划刷题时间线，确保每日复习内容的合理性，尽量覆盖所有重要知识点，并留出足够的时间进行模拟测试。

· **分阶段练习：** 在刷题规划的时间线初期，大家可以侧重基础题型的练习，并随着时间的推移逐步提升至中高难度题目，最后进行全试卷的多次模拟考试，检验处理笔试题的整体水平。

· **错题复盘：** 建立错题本，记录每次练习时做错的题目及其解析，定期回顾，确保同类错误不再犯。

· **总结归纳：** 在刷题过程中，不断总结题型规律、解题技巧和套路，形成自己的解题框架，提高解题效率。

· **限时练习：** 模拟真实的考试环境，进行限时训练，培养时间管理能力，避免笔试时因时间紧张而发挥失常。

刷题的价值超越笔试分数本身

希望大家能摆正心态，哪怕没有通过某个目标公司的某一次笔试，也不必气馁。因为在刷题过程中，收获的价值远比一次笔试的成败更加重要。刷题，本质上是一个自我挑战、学习与成长的过程。不仅帮助我们巩固专业知识，锻炼思维方法，提升反应能力，更重要的是，通过这一过程，我们能够重新认识自己，发现知识盲区，调整学习方法，甚至激发我们对某个领域的深入兴趣。同时，这也是对我们的意志力和自律性的锻炼，让我们学会如何在压力之下保持冷静与高效。在一次又一次新的笔试挑战中，我们会发现，曾经刷题付出的所有时间和精力，都没有白费，都会变成我们日后漫漫求职路上的地基，甚至是入职之后的专业精神和工作能力的培养。

了解笔试权重，理性备考

最后，需要大家提高警惕的一点是，在投入大量精力刷题之前，应该理性评估笔试在最终录取决策中的比重。有些大型公司，比如技术导向型企业，可能会将笔试成绩作为初筛的重要依据，知名企业每年仅笔试淘汰率就有 70%～80%；而一些更注重综合能力评估的公司，则可能仅将笔试作为辅助参考，比重相对较低，并不作为筛选的依据；更有甚者，求职者的实习和面试表现才是关键，笔试可能只是走个流程，甚至不作为衡量因素。因此，了解目标企业的这一信息至关重要，可以帮助我们合理分配时间和精力，避免在不重视笔试的公司备战求职的过程中，过度依赖刷题而忽视了其他同样重要或者更重要的准备环节，如面试技巧、项目经验的整理、实战案例分析等。

总之，刷题确实是准备笔试的最有效手段之一，但其效果的最大化需建立在我们充分了解笔试比重、科学规划备战时间和持续反思笔试技巧的基础之上。结合个人实际情况，灵活运用上述策略，相信大家能通过刷题获得笔试战场上的佳绩，向理想的职位迈进坚实的一步。

四、学霸一定是笔试中的王者吗?

校园，这个孕育知识与梦想的摇篮，见证了无数学子的汗水与泪水，而在这个战场上，总有一群佼佼者，他们凭借优异的成绩被冠以“学霸”之名，仿佛手持利剑，一路披荆斩棘，所向无敌。然而，当这些昔日的学霸跨出象牙塔，踏入风云变幻的职场，面对一个全新的竞技场——职场笔试时，我们不免好奇：那些在校园考试中屡战屡胜的学霸，是否还能延续他们的辉煌，成为笔试中的王者?

笔试的多维度挑战

笔试作为求职筛选的重要一环，其核心在于通过书面方式评估应聘者的专业知识、逻辑思维、问题解决能力及语言表达能力。与学校考试相比，公司笔试不仅形式更为灵活多样，内容也更加贴近实际工作场景，正如我们在本章第一节所描述的，涵盖了专业技能测试、逻辑推理、情境模拟、案例分析等多个维度。这样的设计旨在全方位考查求职者的能力，而非单一的知识记忆。这就决定了求职笔试和学校考试的根本性区别。

学霸的优势与局限

提到学霸，人们往往会联想到那些成绩优异、对书本知识了如指掌的学生。他们在校内考试中凭借扎实的基础和出色的应试技巧，往往能脱颖而出。这些特质无疑为他们参与公司笔试提供了坚实的基础。学霸对于理论知识的快速理解和掌握，使得他们在面对专业理论题目时能够游刃有余；同时，长期的考试训练让他们具备良好的时间管理和压力应对策略，这些都是他们在笔试中可能拥有的优势。

然而，职场笔试的多维度，导致了其与学校考试的不同之处——不仅要求记忆和复述知识点，更强调应用和创新。例如，情境模拟题要求求职者将理论知识与实际工作相结合，解决具体问题；逻辑推理题则侧重考查抽象思维和逻辑分析能力。因此，即便是在校期间表现优异的学霸，也可能在这些方面遇到挑战，特别是当他们缺乏实践经验或是对职场环境不够了解的话。

实践经验的重要性

在某些情况下，非学霸型的求职者，尽管在校成绩平平，但若拥有丰富的实习经历或项目经验，可能在解决实际问题的能力上展现出更强的竞争力。这些经历能够帮助他们更好地理解职场需求，将理论知识转化为实践解决方案，从而在案例分析等题目中占得先机。此外，团队合作经验也能增强他们的沟通协调能力和团队协作精神，这是现代企业尤为重视的软技能。

综合素质的考量

实际上，公司在进行笔试设计时，往往旨在寻找那些既能深刻理解又能灵活运用专业知识，具备创新思维和良好职业素养的候选人。这意味着，学霸的身份虽能在一定程度上提供助力，但并非决定性因素。真正的“王者”，应当是在扎实的学识基础上兼具实践能力、创新意识、沟通技巧和抗压能力的复合型人才。

综上所述，学霸在职场笔试中确实具有一定的先天优势，但这种优势并非绝对。职场笔试的多元化考核机制，要求求职者不仅仅是知识的积累者，更是问题的解决者和创新的推动者。因此，不论是不是学霸，关键在于如何将自身的长处最大化，同时弥补不足，不断提升自己的综合能力，以适应职场的多样化需求。最终，在这场无声的战场上能够脱颖而出的，将是那些既能深谙书本之道，又不拘泥于传统框架，勇于实践、敢于创新的真正强者。

五、一手好字，或许会在不经意间帮你大忙

在数字化浪潮席卷全球的今天，手写似乎成了日渐稀有的艺术。然而，在求职路上，尤其是在传统纸质化的笔试环节，一手好字依然能成为你脱颖而出的秘密武器。本节我们将深入探讨“字如其人”的魅力，以及它如何在大学生求职策略中发挥不可小觑的作用。

字的艺术与人格映射

“字如其人”，这句古语深刻揭示了书写与个人品质之间的微妙联系。在古代，书法被视为修身养性的途径，笔迹被视作一个人性格、学识甚至道德品质的外在体现。杰出的书法家赵孟頫位列中国书法史上的“楷书四大家”之一，有极高的艺术成就，但因其作为宋朝皇室后裔，却选择在元朝为官，有人认为他的书法中带有一定的圆润与柔媚之气，有“媚骨者”之说。

即便在键盘敲击替代笔墨横飞的当代，整洁、有力的字迹仍然能够传

递出作者的认真态度、严谨作风和内在涵养，给阅卷者留下深刻的印象。

笔试场上的“第一印象”

在众多求职者的笔试答卷中，一份字迹清晰、美观的试卷无疑能在第一时间吸引考官的注意。正如“见字如面”，良好的书写不仅展示了你的文字功底，更在无形中构建了你与评卷人之间的初步沟通桥梁。在没有面对面交流的笔试环境中，字迹成为你的“颜面”，传递出自信、专注与尊重，这种非语言的沟通往往能为你的整体表现加分。

提升阅读体验，优化评分过程

对于阅卷老师而言，面对成堆的试卷，清晰易读的字迹无疑是减轻视觉疲劳、提高工作效率的福音。一笔一画间透露的条理性和逻辑性，能让评卷人更快抓住答案要点，减少因字迹不清造成的误解或遗漏，从而更公正、准确地评判你的答案。换言之，良好的书写习惯间接优化了你的“考核环境”，为高分铺平道路。

字迹背后的人格特质

研究显示，书写风格与个人性格之间存在一定的相关性。例如，字迹工整的人往往给人以认真、细致的印象；而流畅洒脱的笔触，则可能反映出作者的灵活与创意。在求职笔试中，这些特质正是雇主所青睐的。即使无法面对面交谈，你的字迹也能在一定程度上为你“代言”，让雇主透过纸背感受到你的个性魅力和职业素养。

字的力量，超越纸张

在这个快节奏的时代，一手好字不仅是对传统文化的传承，更是个人品牌的重要组成部分。在求职笔试这个关键节点，它能够无声地讲述你的故事，展示你的态度，甚至影响他人对你的初印象。因此，投资于提升书写质量，就是在为自己的未来铺设一条更加坚实的道路。无论是在笔试还是人生的其他舞台，愿你的一手好字，能成为你不经意间的强大助力。

第六章

面试

高手教你如何扬长避短

一、面试究竟要如何准备？

小李是一名即将毕业的计算机专业的学生，他深知找工作的重要性，因此早早地开始了面试准备。从简历的撰写到面试技巧的学习，再到对公司和岗位的了解，小李都投入了大量的时间和精力。为了这次面试，小李特地买了一套职业装，确保自己在形象上能给面试官留下好印象。他还重新梳理了自己的简历，确保每一个细节都准确无误。此外，小李也深入研究了目标岗位的具体职责和要求，希望能在面试中展现出自己与岗位的匹配度。

面试当天，小李早早地到达了公司，他紧张而又充满期待地等待着面试。在面试过程中，小李表现得相当自信，他流畅地回答了面试官的问题，还主动分享了自己的一些想法和见解。他相信已经展现出了自己的能力和潜力，也相信这次面试能够成功。然而，面试结果出乎小李的意料。他并没有收到心仪的录取通知，反而收到了一封“感谢”信。小李感到非常沮丧，他不明白为什么自己准备了这么多，结果却不尽如人意。

小李面试前做了很多准备工作，看似非常努力，为什么还是在面试中败下阵来？他有哪些地方做得好，哪些地方还没有做到位呢？在简历已经过关、即将迎来面试时，我们还需要做哪些准备呢？

深入了解企业背景资料

了解企业背景资料，除了目标岗位的要求、岗位职责外，很重要的一点是企业的多方面信息，包括企业的文化、价值观、业务模式和行业地位，以及最近有关公司和行业的热门新闻资讯。

目前来看，校招中优质岗位的竞争非常激烈，面试中一些常规问题的答案在各类网站和社交媒体上基本能找到详细的攻略，企业的招聘专员也会有所了解，常规的回答只能表明你准备充分，想要给面试官留下深刻印象，需要结合企业最新的动态及企业传递出的文化价值观，做出一些“新颖”的思考和有诚意的答案。在面试过程中，当被问到为什么选择该企业时，求职者可以基于对企业价值观的理解，给出更有深度和诚意的回答。

此外，在描述自己的职业目标、技能和经验时，也可以结合企业的价值观展示自己如何为企业创造价值。面试官感受到求职者对企业价值观的认同和尊重时，更有可能认为该求职者是合适的候选人。这种认同感可以增加求职者在面试中的竞争力，提高获得职位的机会。我有一个去年毕业的朋友，去应聘一家游戏公司的运营岗位，她个人对二次元游戏非常感兴趣，时常关注各类游戏的新闻，刚好那段时间那家公司要在几个月后发布一款重磅的游戏，她提前花费很多心思获得了这款游戏公测的资格，准备了游戏内容玩法以及一些可能的运营思路，在第二次面试自由交谈的环节，这位朋友把这些内容都说了出来，不出意外，最后一轮的面试环节基本就是走流程，她顺利入职了这家公司，并进入这款游戏的运营项目组。

参与模拟面试

一些学校的学工部门会根据本校的就业情况开展一些面试培训及模拟面试训练，这对没有面试经验的同学非常重要。哪怕做过非常多的准备工作，学习了很多前人的面试经验，这些“书本”知识依然需要实践去检验一下，亲身体验面试过程，如何将自己准备的内容充分表达出来，这需要像高考前的“模拟考”一样，亲身实践几次才行。如果学校或者学院没有组织模拟面试，可以联合一些同学或者朋友做一些模拟面试工作。

面试种类非常多，常用的是：结构化面试、无领导小组讨论、压力面试、非结构化面试、技术面试、案例面试、评价中心、角色扮演等，鉴于校招中面试人数多，面试者为没有职场经验的应届生，所以校招面试大多是结构化面试和无领导小组讨论。模拟面试一般准备常见的结构化面试即可，一个比较好的模拟面试需要做以下一些准备工作。

序号	流程	准备	要点
1	明确模拟面试的目标	确定模拟面试的主要目的，例如评估应聘者的面试技巧、沟通技巧、解决问题的能力等	根据目标设定，结合一些求职网站的经验分享，制定具体的评估标准和评分表
2	准备模拟面试的环境	找一个安静、舒适且专业的环境进行模拟面试，如学校的就业指导中心、空教室或会议室。提前将室内布置成模拟真实的面试场景，包括座椅、桌子、照明等	熟悉面试环境，降低陌生环境带来的心理不适与焦虑情绪
3	选择面试官	面试官最好由有一定工作经验的朋友，或者有过人力资源岗位实习经历的同学或老师担任	有经验的面试官能够给予更真实的面试体验以及更有建设性的反馈

序号	流程	准备	要点
4	确定面试题目	面试问题可以根据参加模拟面试同学的应聘岗位，从求职经验分享的网站上摘取。问题应该涵盖技能、经验、动机、团队合作和解决问题的能力等方面	题目不能预先被参加面试的同学得知，可直接用已有的题目作为训练
5	模拟面试记录	按照真实的面试流程进行模拟面试，包括开场白、自我介绍、问题回答、案例分析、行为面试等环节。可架设1～2部手机进行影像记录，了解参与面试同学的姿态及言语表达	如果没有图像记录，也最好能进行录音，可让面试者听自己的录音，有录像更易于面试者进行仪态体态的调整
6	反馈和建议	面试结束后，面试官应及时向同学们提供反馈和建议。包括应聘同学的优点，尤其是需要改进的地方以及具体的改进建议。面试录像也可以找一些专业的人力资源工作者帮忙分析和反馈	面试者可以结合反馈草拟一些常规问题答案以及自身案例，为面试做准备

如果应聘的岗位比较特殊，例如教师、咨询师岗位等，还需要提前进行模拟试讲。

其他准备

除了前文提到的，还需要做一些简单的其他准备，为面试的成功增加筹码。

1. 着装和外形

根据目标公司的类型确定适当的着装风格。一般来说，商务休闲装是比较泛用的选择，但也要根据公司的正式程度进行调整，一般来说，央企国企、咨询类公司合身正装比较好，互联网企业休闲一些也可以，甚至有的游戏公司还很注重一些个性的表达。不论什么类型的企业，你的服装都要合身、整洁、无破损。选择中性色调的服装，如黑色、灰色、深蓝色等，这些颜色通常比较稳重、专业。避免过于鲜艳或刺眼的颜色，也要避免过于花哨或暴露的服装，以免分散面试官的注意力。选择一双干净、舒适的鞋子，并确保它们与你的服装搭配得当。配饰要简洁大方，避免过于烦琐或夸张的款式。

在面试前，确保你的头发干净利落，面部和指甲都保持整洁。男生要注意修剪胡须和鼻毛，女生可以化淡妆。在进入面试前可以吃一颗清口糖或者用简易漱口水漱口，保持口气清新。

2. 案例准备

现在大多数面试都是一对一的结构化面试，其中简历上的突出表现，尤其是一些能代表自身解决问题能力和学习能力的案例会成为面试官主要询问的内容，因此需要详细准备与应聘岗位相关的实习经历或者学校项目经历，准备的内容包括：案例经历的起因、发展和结果，自己在其中参与了哪些工作（这些工作最好能够和自己所学专业相关，有自己的思考在内），取得了什么样的成绩，有什么收获以及发现了什么问题。这些案例的汇总可以自己整理，同时也可以和过往项目或者实习的同伴共同整理。

面试前需要做好充足准备，并在面试时充分发挥出来，后文将从各个方面为大家介绍如何在面试中脱颖而出。

二、 自我介绍，“固定动作”中的学问

小李在准备面试时，将大部分时间用在了复习专业知识和模拟面试回答问题上，而对自我介绍这一环节，他仅仅简单地写了一份草稿，并没有进行充分的练习和修改。进入面试室后，他紧张地开始了自我介绍。由于之前没有做好充分准备，他的语言组织显得非常混乱，内容也缺乏逻辑性和条理性。他试图回忆草稿上的内容，但由于紧张，很快就忘记了大部分的内容。在自我介绍的过程中，小李还出现了几次口误和停顿，整个自我介绍变得支离破碎。他试图通过添加一些无关紧要的细节来弥补失误，但这些内容并没有给面试官留下任何积极的印象。面试官在听完小李的自我介绍后，表情显得非常严肃。他们试图通过提问来引导小李进入正题，但小李由于紧张，回答得也并不理想。最终，面试结果也非常不尽如人意。

好的开始是成功的一半，作为面试中固定的开场，自我介绍看似寻常，甚至很多同学认为自我介绍只是一个简单的过场，接下来的问题回答才是关键，这是一个极大的误区。一个经过精心准备的自我介绍，不但能为面试者增加印象得分，加深给面试官的印象，更能“引导”面试的走向。

融入积极情绪的开场

面试前，可以做一些简单的心理暗示，让自己的情绪表现变得积极起来。一是可以缓解紧张的情绪，降低紧张焦虑对于面试的负面影响；二是可以给面试官留下良好的第一印象，从心理学的角度来看，积极情绪表现（例如微笑、爽朗的声音、松弛的肢体语言）能在瞬间缩短人与人之间的心理距离，让人感觉到愉快、亲近和被接纳，降低对抗和敌意的感觉，为之后面试中深入沟通与交往创造温馨和谐的氛围；三是可以传递出非常积极的信号，面带微笑通常表示心情愉快、充实满足和乐观向上。这种积极的心态会吸引他人，让面试官产生与你交谈、想要了解你的意愿。面露平和欢愉的微笑，说明这个人对待人生和周围事务总是积极乐观的，这样的人会散发出吸引人的魅力，成为面试中隐含的加分项。同时，积极的情绪表现出的就是对面试进行了充分准备，因准备充分而带来了强烈的自信。积极的身体语言表明你对自己的能力有充分的信心，以不卑不亢的态度与人交往。这种自信会传递给他人，使人产生信任感，从而更容易得到认同和接纳。

调动积极情绪可以在平时做一些简单的练习，比如以下几种。

腹式呼吸：可以帮助你放松紧张的身体和思绪，减缓心跳速率，降低压力水平，在紧张焦虑时能够帮助你快速恢复到正常状态。在开始呼吸之前，先放松你的身体，放空大脑，让身体感觉舒适，然后，轻轻地闭上眼睛，将注意力集中在呼吸上，尝试不去想其他事情，只专注于呼吸。通过鼻子慢慢地吸气，同时想象将空气吸入腹部的最深处。随着吸气的进行，你的腹部应该逐渐膨胀（早期可以将手放在腹部，感受腹部起伏），而胸部则保持相对静止。通过嘴巴或鼻子慢慢地呼气，同时想象将空气从腹部排出。随着呼气的进行，你的腹部应该逐渐收缩。尝试使呼吸保持平稳和缓慢，可以使用“吸气 4 秒，呼气 6 秒”的节奏，或者找到让你感觉最舒适的呼吸节奏。

自我暗示：可以通过书写或者自言自语的方式反复告诉自己：“我能行，我是最棒的，我一定能够顺利通过面试。”在自我暗示的过程中，切记要集中注意力，摒弃一切否定和消极的想法，不去质疑，不去思考，将注意力专注在自我暗示的言语中。

回忆美好时光：可以在面试前一天，通过回忆或是和朋友聊天等方式回顾近一年经历过的积极美好的事情，需要有详细的开端、发展和结果，将这些事件编写成简单的文字，在面试前的调整情绪阶段阅读。

调动身体语言：即使没有感到特别开心，也可以尝试微笑。微笑会释放内啡肽等使人感到愉快的化学物质，从生理角度调动积极情绪，同时微笑是需要练习的，可以在面试前的准备阶段，通过照镜子的方式找到适合自己的微笑面部表情（让人感觉舒适、可以比较长时间保持）。还可以通过挺直身体，昂首挺胸，双手自然放于腿上，注视面试官的眼睛，适当以放大说话声音、放慢语速的方式表达自信，这样的身体动作会让你在生理上感到更加自信，从而有助于调动积极的情绪。

设置核心内容

自我介绍环节可以说是整个面试过程中面试者最有自主性、最能自我把控内容的环节，除了基本信息，有很多可以精心设计的环节。

1. 扬长避短，突出优势

在自我介绍中，可以结合工作岗位要求，列举与自身能力和经验相关的优点以及自身最突出的值得夸耀的优点。比如，成绩好的同学可以在自我介绍环节介绍自己的成绩排名；学术能力出色的同学介绍自己的文章发表情况；有较多获奖经历的同学可以着重列举自己的获奖情况；实习经历丰富的同学可以简单列举自己的实习经历等。在突出优点的同时，要尽量避免直接谈论自身背景中看似必要但会影响个人印象的不足之处，比如成绩不理想、缺乏实习实践经历等。

2. 切勿谦虚，凸显自信

面试时，很多同学会用一些比较谦虚甚至有些“自绝后路”的语言进行收尾：“我很荣幸参加这次面试，希望能让各位领导满意”“虽然感觉自己的能力还不足，还是希望可以通过自己的努力配得上贵公司的要求”“能够参加这次面试我已经非常满足了，哪怕最后没有加入贵公司我也很开心”……这些看似离谱的话语在自我介绍收尾的过程中经常发生，甚至还有类似“请各位老师高抬贵手”之类的离谱说法。要知道，面试官在校招季每天要面试很多人，很多具体内容和细节是记不清楚的，能给面试官留下深刻印象的是整个人的精气神，特别是自信的表达非常重要，表达出对应聘成功的十足把握会给面试官留下深刻且积极的印象。要凸显自信，需要使用清晰、简洁的语言，避免使用含混不清或冗长的句子，注意语速不要太快，有适当停顿，尽量避免使用“可能”“也许”“大概”等模棱两可的词语，最后要表达出对应聘公司的欣赏与认可，以及对自己能力的认可，比如“非常荣幸能够参加全国最好的游戏公司的面试，我相信自己有能力为贵公司贡献一份力，谢谢各位老师（很多企业招聘专员可直接称老师）”。

3. 设置“启动点”

如前文所说，自我介绍时扬长避短很重要，在扬长的环节中，对能够突出自身优势，又和岗位相匹配的个人经历，可以在自我介绍快收尾的时候着重介绍。心理学中有一个启动效应，指的是由于之前受到某一刺激的影响，使得之后对同一刺激的知觉和加工变得容易的心理现象。作为一次面试的开端，对于这个经历的介绍会潜移默化地影响面试官后续的提问，尤其是关于过往重要经历的提问。一个负责招聘的朋友和我说过，有一次面试时，一个学生在自我介绍的最后说了自己在一个创客大赛中的获奖经历。这个经历在简历里并没有详细记录，到了提问环节，他第一时间想以此作为问题的切入点进行深入提问，但那个学生却显得措手不及，后来在追问中得知，那个学生在比赛中只是一个很边缘的选手，做了一些事务性工作。在这个问题上，学生的表现并不好，虽然在后面的问题中表现很好，但最终还是错过了这个岗位。他事后又详细看了一下这个学生的简历，发现其中有很多实习经历值得详聊，只是在这个学生自我介绍时提到的获奖经历，让他很感兴趣，可当问到这些问题时，没想到学生却没有准备好。

现在想来，我在研究生面试时，喜欢提的问题也是和学生在自我介绍中提到的经历有关。“你一开始提到的那个……经历，能详细和我们说一下吗？”似乎是学生在面试中有意无意地给面试官埋下的“问题萌芽”。

三、结构化面试中的做与不做

小王即将毕业，踌躇满志地参加了某知名企业的校园招聘。在众多优秀的竞争者中，他凭借自己的优秀简历和专业知识，成功获得了面试的机会。面试阶段，面试官首先询问了小王的基本情况，如专业背景、学习成绩等。小王回答得流畅自如，给面试官留下了不错的印象。

当面试官询问小王的实习和项目经历时，小王开始感到有些吃力，因为他在简历中夸大了一些实习经历和项目成果。但此时他却表现得对这些经历并不熟悉，甚至无法详细描述其中的细节。为了不被面试官看出破绽，小王开始编造一些经历，他谎称自己在某个项目中承担关键角色，以及取得了显著成果。然而，他的回答充满了漏洞和矛盾。比如，他提到的项目进度与实际经验不符，描述的细节与行业常识相悖。

面试官针对小王的回答进行追问，试图找出其中的破绽。在面试官的连环追问下，小王开始变得语无伦次，甚至出现了自相矛盾的情况，结果自然不是很好。具体原因不必明说，小王也心知肚明，在简历中作假及面试中的慌张表现让自己错过了这次难得的机会。

大多数企业校招的第一轮面试都是结构化面试，在结构化面试中面试官会根据特定职位的胜任特征要求，遵循固定的程序，采用专门的题库、评价标准和评价方法，通过考官小组与应考者面对面的言语交流等方式，评价应考者是否符合招聘岗位要求。结构化面试具有试题固定、程序严谨、评分统一等特点。其中，有些问题是专业知识、企业工作知识问答，这些问题的答案也相对比较固定，在很多招聘网站、社交媒体中能找到相对比较好的答案；还有一些问题自由度比较高，会有很大的发挥空间，也会和简历里很多项目或实习经历有关。在这种情况下，有些我们可以做，有些却一定不能做。

“做了很多，却说不出来”的困惑

在面试中，明明准备了很多，也做了很多，却说不出来，或者表达混乱，说了还不如不说，这是最令人感到惋惜的，也是经常发生的情况。

在阐述自己过往经历时，可以采用 STAR 法则（情景、任务、行动和结果）进行表述，该法则是一种有效的面试技巧，提供了一个清晰、结构化的框架，帮助面试者系统地描述和解释他们的经历、技能和成果，通过四个部分将复杂的经历拆分为便于记忆的信息集合。

同时，STAR 法则可以让面试官更快速准确地理解我们的观点、经验和成果，从而做出更准确的评估，减少因为沟通不畅带来的评价误差。与此同时，完整的事件描述也更能说服面试官，让他们相信我们表达内容的真实性。

我们在准备案例时可以将自己近几年比较有代表性的经历或事件（一般会比较详细地写在简历中），用 STAR 法则将其拆分为四部分，对每个部分进行填充，比如在大学三年级的时候，学校举办了一年一度的创业大赛。我所学的专业是用户界面设计，我和几位计算机学院的同学一起参加了这个比赛，合作开发了一款软件策划参赛（S—情景）。经过集体讨论，我们一致同意开发一款基于微信小程序的心理自助软件，目标是利用心理测评技术、心理咨询技术对使用软件的同学进行心理危机甄别和相应的干预。在准备过程中，需要学习并掌握相关的技术知识，同时还需要通过市场调研了解大家的需求。

我的任务主要是进行软件的交互页面设计（T—任务）。在这一过程中我参考了简单心理、壹心理、丁香医生等比较有名的健康类软件的主要交互页面，结合所学的课程知识和课程导师的指导，在反复推敲和修改后设计出了主界面、测评界面、结果呈现界面以及帮扶界面等，这些在我的简历附页中都有呈现（A—行动）。在最后的评审阶段，评委们对我们的产品给予了高度评价，并认为我们在技术实现、软件交互页面、市场调研和商业模式等方面表现出了较高的水平，最后获得了这次创新创业大赛的二等奖（R—结果）。

面试者在其中不但发挥了自己的专业优势，设计出了简洁美观实用的交互页面，还学习和掌握了市场调研定性定量的研究方法，参与学习了商业模式策划。从基于STAR原则的案例讲述中，我们可以快速了解案例全貌，迅速且准确地对该面试者的学习能力、问题解决能力以及将所学知识用于实践的能力进行快速判断（这三项能力也是除岗位要求外招聘专员在校招中很看重的）。

此外，还可以额外准备一些内容，比如在参赛设计过程中遇到的问题和困难，是如何解决的（应变能力），面对繁重的工作任务和截止时间，是如何调整心态的（抗压能力），这些都是结构化面试中经常问到的题目。

一般来说，面试除了自我介绍、回答一些必答题外，能够有效表达的时间也就 6 ~ 8 分钟，所以要事先将自己的经历用结构化的方法梳理清晰，通过反复练习记忆清楚。务必多准备几个案例，选择最适合面试官问题的案例经历作答，如果所答经历与问题不符，反而会显得刻板不知变通，变成减分项。

你一说谎，招聘专员心里就笑了

随着近些年校招越来越激烈，很多所谓“面经”“大神分享”里面，或直接或间接地表达了很多错误的提升自身竞争力的方法，其中最有风险也最不提倡的，就是所谓“优化”经历从而达到美化简历、提高面试概率的方法。

这里所谓的美化，其实就是把身边其他优秀同学的经历照搬到自己身上，或夸大自己的贡献和成就等。这些行为本质上就是说谎和欺诈，是对自己和用人单位极不负责的行为。虽然有可能通过简历筛选进入面试阶段，但当遇到有经验的面试官提问和追问时，多数作假的面试者会原形毕露，就等于被发了拒信。迄今为止，还没听说哪个面试者在伪造履历被发现后还能应聘成功的。至于是否能伪装成功不被发现，我只能说：你一说谎，招聘专员心里就笑了。

作为有经验的招聘专员，他们在结构化面试中不会让面试者感受到压力，整个面试过程就像聊家长里短一样，轻松让面试者卸下防备。在聊天过程中，他们也会关注面试者的非语言信息，可以通过面试者思考的动作、面部表情、语言流畅性判断是否有说谎的情况。在言语信息方面，如果面试者在回答问题时频繁使用“我们”而非“我”，这基本意味着他没有真正参与过所描述的活动或事件。通过追问细节的方式，说谎的面试者会在面试的前后阶段表述不一致，甚至前后矛盾，这都是明显的说谎迹象。所以，面试中可以避重就轻，可以扬长避短，但切记不可说谎欺瞒。

不能说谎，那如何让自己的履历看起来“光鲜亮丽”呢？最好的解决办法当然是在校期间积极参加各种活动、竞赛及项目，从大三（研二）开始进行暑期实习，参加每个活动都全身心投入，事后做好总结和整理工作。所谓“磨刀不误砍柴工”，前期的准备和努力都会在求职的过程中为你增加助力。

如果大学期间确实没有什么实习实践经历，也可以从学业中进行整理和汇总案例，比如自己如何全力投入某些困难科目，最后取得了不俗的成绩，自己在某些科目的小组作业中起到了怎样的关键作用等，重要的是从这些学习的行为延展到工作所需的能力。比如，能在困难科目中取得优异成绩，可在总结时归功于自身学习能力强，锲而不舍，不惧困难；在小组作业的履历中表达出自身的团队协调能力、团队润滑剂作用等。如果做的一些事情没那么耀眼，甚至没有太多实践经历和贡献，可以思考这些项目或实践的成功原因，在贡献大的同学身上总结他们的突出能力和优秀品质，明言以他们为榜样好好学习。虽然当时没有突出贡献，但见贤思齐，可以通过努力变得和那些优秀的同学一样出色。如果你大学时不参加活动，不去实习，也没好好学习，那你可能真的也没做好找工作的准备，先踏踏实实做好分内事，真真切切地提升自我，保证毕业，再思考就业的事情。

面试可以主动暴露自己的短板吗？

如果不是面试官主动提问，实在没必要暴露自己的短板。主动暴露缺点看似“真诚”，但在面试官看来，这种行为就是幼稚和愚蠢的。如果面试官提出了这样的问题，让你谈谈自己的缺点和不足，那应该如何应对呢？

首先，避免提及那些无法改变或与岗位要求密切相关的缺点。比如固执刻板、缺乏耐心、过于以自我为中心等不易改变却会对工作及团队有极端负面影响的缺点，或者你申请的是会计工作，那么说“我数学不好，不擅长从事一些需要细致认真的工作”，显然是你不想得到这个工作机会。可以选择一些可以通过努力和时间来改善的缺点，如“我在面临多个任务需要同时处理时，有时会感到有些压力，偶尔会手忙脚乱，但我正在学习如何更有效地管理我的时间和优先级”。

其次，在描述缺点或者不足时，尽量用发展性、积极性的言语描述，避免使用过于负面或自我贬低的语言。例如，可以说“我意识到我在某些方面还有待提高”，而不是“我在这方面真的很差”。提到缺点后，可以使用“但是”等转折词来引入你正在采取的措施或未来的改进计划。例如，“我承认我在公众演讲方面有些紧张，但我已经在学习如何演讲，并积极参加了学校组织的演讲社团，正在努力提高我的自信心”。

最后，强调你从过去的经历中学到了什么，以及获得的成长。例如，

“以前我在时间管理方面缺乏经验，导致一些作业或项目在收尾时很仓促。但自从某次经历后，我学习了更多的时间管理技巧，在处理这些事情时，用甘特图（Gantt chart）进行时间管理规划，后来就再没有出现过类似赶工的情况”。

在面试过程中，时间本身就很紧迫，尽量将时间用在展示自己的优点和丰富的学习实践经历上，良好的第一印象是需要用积极的因素进行影响的，要尽量避免消极负面的信息。

“你有什么问题”，送命题还是送分题

一般来说，如果面试进行得很顺利，最后还有一些剩余时间时，面试官（事先准备的问题基本问完）会说一句“你有什么问题”，这个问题看似简单，但其中暗藏玄机，如果你问的不恰当，原本的送分题很可能变成送命题。

送分题：什么样的问题是送分题呢？很关键的影响因素是问题背后的动机和态度。对于校招面试者来说，并没有什么关键问题需要在面试场合得到答案，这个问题是需要体现出你积极的态度和渴望加入公司的动机等。比如，询问这个职位上可能会遇到的最大挑战是什么，以他们的经验如何应对，以及公司如何帮助你应对这些挑战（不怕困难，积极寻求解决途径）；询问该职位职业发展的前途如何，有哪些可能的晋升路径，公司如何支持员工的职业发展和培训（保持上进心和积极学习的态度）；询问在等待通知的过程中可以做哪些准备，以便入职后能尽快适应岗位的要求

（积极的态度和良好的职业素养）。

送命题：与之相对的，如果问得不好，很可能会让之前面试的努力前功尽弃。这些问题一般会表现为面试者过分关注个体利益，缺少职业素养，缺少对于公司的关注或有个人习惯、人格方面的缺陷等。比如，询问关于薪资、福利、假期等个人利益的问题，这些问题基本能搜索到相关答案，应届生是不具备议价能力的。或者问一些非常缺乏常识或不专业的问题，如行业或者职位的基本准则要求等，这会显示出你对行业或职位的基本知识缺乏了解，可能会让面试官怀疑你是否真的适合这个职位。切忌询问与职位无关的问题，如公司的八卦、面试官的个人生活等，可能会让面试官觉得你不专业或缺乏职业素养。

最后需要注意的是，在询问后要对面试官的回答积极反馈，并表达真挚的谢意。

四、 内向人的噩梦：团体面试——无领导小组讨论

小甘是一个内向的大四毕业生，她有扎实的专业知识和对技术的热情，但每当面对陌生人时，她总是显得局促不安。在秋招面试时，她参加的第一个环节就是无领导小组讨论。小甘看着周围自信满满的同学，心里既紧张又期待。她知道自己有很多关于这个讨论主题的想法，但每当她想要开口时，总会觉得自己的话题不够新颖，或者担心自己的表达不够流畅。

讨论开始了，同学们纷纷发表自己的观点，有的观点犀利，有的见解独到。小甘坐在角落里默默地听着，心里组织着自己的语言。她注意到，每当有人提到某个观点时，她的心中就会涌现出反驳或补充的想法，但每当她准备开口时，就会被别人打断。时间一分一秒地过去，小甘越来越紧张。她觉得自己就像一个旁观者，只能看着别人在舞台上表演，自己却无法融入。她知道，自己的表现非常糟糕，这个机会再次从她的手中溜走。

面试结束后，小甘独自走在回家的路上，感到一阵失落。小甘知道自己有很多话要说，有很多想法要表达，但总是在关键时刻失去勇气。幸运的是，一天后小甘收到了公司发来的邮件，邮件中写道："小甘同学，你

的专业知识和对技术的热情给我们留下了深刻的印象。虽然你在面试中的表现有些紧张，但我们相信你有潜力成为一名优秀的员工。我们邀请你参加下一轮的面试，希望你能更好地展现自己。”

并非所有的同学都像小甘一样幸运，一般来说，校招的团面会占整体面试分数的40%左右，如果在团面中没有表现好，会影响到面试的总分。对于很多内向的同学来说，在面对团体面试，尤其是无领导小组讨论时，会手足无措，全程隐身，变成团队的小透明，这显然无法获得令人满意的分数。其实，在无领导小组讨论中，分数并不是和说话的数量成正比，扮演好自己在团队中的角色，有时候哪怕说得很少，依然能够取得高分。

了解无领导小组讨论

无领导小组讨论是一种常用的团体面试方法，它通过模拟一个临时工作小组的环境，让一组应试者在没有指定领导的情况下，就某一给定问题展开讨论并做出决策。在这个过程中，面试官只是作为观察者，整个活动的进程需要小组内的成员进行推动，面试官也会针对各个面试者的表现进行评分。

想要在无领导小组讨论中获得理想的成绩，首先需要了解该面试方法的评分依据（也就是答题采分点）。一般来说，面试官从五个维度来进行评价。

a. 组织协调能力：观察面试者如何引导讨论、分配任务、协调冲突等；

b. 口头表达能力：评估面试者是否能够清晰、准确地表达自己的观点；

c. 说服能力：考察面试者能否有效地进行辩论并说服他人；

d. 情绪稳定性：注意面试者在压力下的情绪反应和调节能力；

e. 个性特点：观察面试者的自信程度、进取心和责任感等。

这些考察维度可以通过在无领导小组讨论中自然形成的角色分工进行观察评估。

认领合适角色是高分的重要前提

一般来说，在进行讨论的前几分钟内，有经验的面试者会主动对团队中的成员进行重要角色分工。比如计时者，他主要负责计算讨论时间，分配好每部分的时间，并在讨论超时时进行干预，辅助领导者引导讨论思路。计时者需要具备良好的时间管理能力，确保讨论在规定的时间内高效进行。需要注意的是，计时者千万不能仅成为一个“报时钟”，一定要在表达自身观点、融入集体讨论的同时进行时间规划，否则，单纯的报时与提醒是无法获得面试官的分数的；除了计时者，记录者也非常重要，他主要负责快速记录讨论思路，提炼总结结论，并在需要时提供讨论内容的参考。记录者需具备敏锐的洞察力和良好的文字表达能力，以确保讨论内容的准确记录。还有非常重要的总结者，主要职责是阶段性总结讨论情况，指出已经达成的共识和仍存在的分歧，为接下来的讨论提供方向，并在最后作为团队代表进行问题结论的陈述。这需要面试者具备全面的观察能力、表达能力和分析能力，能够准确把握讨论的重点和难点，并且能用简练的语言表达观点看法。

除了以上三位重要角色，领导者是最能够受到面试官关注，也是很多面试者争夺的角色，他的主要职责是规划讨论方法、指引讨论方向、确定讨论内容、解决讨论分歧、纠正讨论误区等（一般也会负责前期角色分工，因此有经验的面试者会在一开始就将自己定位在这一角色）。作为小组讨论的核心，领导者需要具备强有力的领导能力、说服能力、清晰的思路和优秀的问题分析能力。其他小组成员基本会被默认为贡献者，即需要对讨论内容提供有价值的观点和建议，贡献者需要具备丰富的知识和独特的见解，能够为小组讨论提供新的视角和思路。在讨论的进程中，可能会出现新的角色，那就是调停者，他一般出现在团队出现意见分歧时，以协调解决讨论中出现的分歧和矛盾，推动讨论的顺利进行。调停者需要情绪稳定，具备高超的沟通技巧和亲和力，确保小组内部的和谐与稳定。

需要注意的是，并非每个小组成员都只能承担一个角色，能力出众的面试者可以身兼数职，但并非承担的角色越多就越能够脱颖而出，当你的表现和能力与角色要求不符合时，反而会留下不好的印象。不同的角色需要不同性格和能力的人担任，选择适合自己的角色就尤其关键了。心思细腻、注重细节但表达一般的同学，可以考虑担任记录者或计时者，思维活跃、知识储备丰富的同学可以作为贡献者为团队决策出谋划策，表达能力强、抗压强且有学生干部经验的同学可以竞争领导者或总结者，善于觉察人际冲突、情绪稳定、有亲和力和感染力的同学适合出任调停者的角色。

需要明白的是，虽然团队目标是解决面试官提出的问题，但面试官其实对最后的结论是否能够完全解决问题并不十分看重，他们重点观察考核的是各位面试者在团队讨论和决策过程中是否作为一员为团队达成目的做了多少贡献，这些贡献可以是对团队的建设、对目标的拆分、对总体进度的把控，也可以是记录并整理团队意见、调节团队气氛化解矛盾等。

低分从何而来

担任好团队角色，在明确角色分工的情况下为团队贡献自己的力量，是无领导小组讨论测验的加分项，但处理不好，成了不利于团队达成目标的角色，那最后的分数很可能不如一言不发的小透明角色。我将这些类型的人进行了如下简单分类。

复读机：顾名思义，这种类型的面试者只会重复前人表达过的观点或看法，对团队任务推进毫无作用，反而浪费了团队执行任务的时间，看似很活跃，表达了很多看法，但对团队没有建设性意义，反而挤占了其他成员表现和发言的机会。这种角色通常会被给予一个中等偏下的分数。

独裁者：这种类型的面试者固执己见，不容其他小组成员有任何挑战他观点和权威的行为，否则就会情绪激动，发生争吵，或者干脆摆烂脱离团队（负气不语，不对团队其他成员给予反馈），他们利用团队其他成员的同理心和责任感，企图用情绪和身体语言绑架他人，让团队顺着自己的意愿行动。这种角色的得分通常会非常低。

全能者：这种类型的面试者通常能力出众，拥有极强的问题解决能力和组织协调能力，他们通常会把整个团队的工作一肩挑，围绕着他一个人进行，会占用整个无领导小组讨论 80% 以上的时间，甚至担任多个重要角色，让团队其他成员无从发挥。这种角色通常充满争议，有的面试官非常欣赏，有的面试官却非常抵触。

破坏者：这种角色不同于独裁者，他们单纯是因为情绪稳定性欠佳，在出现分歧和矛盾时容易被激怒，容易产生应激情绪，破坏团队整体氛围，给团队带来压力。具体表现可分为：突然提高音量，带着明显的情绪进行表达；在一旁阴阳怪气，吐槽其他成员或永远自说自话，哪怕团队已经做出决定却依然我行我素。这类角色通常得分也很低。

小透明：这种团体小透明一般分为两种：第一种是全程没有存在感，只有被人点到的时候才会发表一些观点，而这些观点通常也没有任何建设意义，甚至就是在重复别人的观点或只是夸奖他人的观点；第二种是机械报时员，看似参与到了团队任务的推进工作中，但整个过程除了提示剩余多少时间，再无其他建树。这类角色通常很难让面试官有深刻印象，一般得分为中等偏下。

在团体面试特别是无领导小组讨论中，面试官考察的是大家在团队共同执行任务时是否能够对团队达成目标给予帮助，所以不同的人，哪怕是内向的人，只要你结合自身特质匹配到合适的角色，依然能够获得面试官的青睐。

初入职场

如何快速成长，少走弯路?

一、初入职场，应该最先认识的“几个人”

小A和小B是同一批入职M公司的应届毕业生，他们都有不错的学习成绩和实习履历，也都是阳光开朗的类型。入职3个月后，他们似乎也都认识了不少同事，但小B常常遇到一种烦恼，就是碰到某个问题不知道找谁，而小A在这方面却游刃有余，这一差距是怎么形成的呢？

初入职场，一些小伙伴容易忽略的一件事是：组织内部一些重要的人是需要我们尽快去认识和熟悉的。

都有哪些人呢？大家比较容易想到的自然是直接上级，以及本部门、本团队中的工作搭档，这显然是正确的，但如果只想到这一层，或许还不够。接下来我们和大家盘一盘，初入职场还有哪些关键人物值得我们认识。

工作“专家”

工作“专家”是指对你的岗位技能极为精通的人，我们通常称这类人为“前辈”。需要注意的是，你的直接上级不一定同时是你的“前辈”，也许他和你只是行政上的上下级关系。一个比较有经验的上级，会主动告诉你“前辈”是谁，但也许他不一定记得这件事，因此需要我们自己有这方面的意识。

举个例子，小A毕业后加入了M公司的人力资源部，担任招聘专员，工作直接汇报给招聘经理P。但是，招聘经理刚加入公司不到一年，并且是来自其他行业，虽然在招聘工作方面颇有经验，但隔行如隔山，对于在目前的行业如何开展招聘工作，P经理也在摸索中。

小A很有心，她了解到部门的上一位招聘经理S——也就是P经理的前任，已经调动到了业务部门——是一位行业、专业经验都相当丰富且在岗期间绩效十分优秀的“前辈”。在与P经理沟通达成一致意见后，小A主动与S取得了联系，请教相关的经验，于是她同时有了一位“显性导师”——P经理和一位“隐性导师”——S经理，小A进步飞快，很快就深得部门经理的赏识。

还要提醒大家一件事，工作“专家”除了在你的岗位技能方面去寻找，在不是你的岗位技能却和你的工作有密切联系的方面，也需要去寻找。

例如，小C毕业后加入了N公司的一个业务管理部门，协助部门经理管理华北区的业务，华北区有两家业务比较突出的分公司：北京分公司和山东分公司。小C很快就与这两家分公司的几位业务骨干熟悉了起来，在工作中，小C时不时地请教业务骨干们具体的业务问题，不仅让自己快速掌握了业务原理，也为自己在业务部门的同事中打造了良好的口碑。

跨部门的重要协作者

如今，几乎每个组织都少不了跨部门协作，越是优秀的组织，跨部门协作越频繁、越优质，因此，跨部门的重要协作者也是需要我们重视的关键人物，他们或许不一定有很多经验可供我们学习，但与这些同事的关系是否健康、融洽，对于我们的工作绩效有着至关重要的作用。

这次我们举一个反例。

小 B 是 M 公司人力资源部新入职的培训专员，公司要开展一项业务培训，培训经理安排小 B 和一个业务管理部门的同事 T 对接，该业务管理部门负责公司华北区的所有分支机构，T 同事工作非常繁忙，有时沟通的语气较为生硬，小 B 没能管理好自己的情绪，在一次沟通中和 T 发生了激烈争吵。事后，T 的部门经理告诉人力资源部经理："以后不要再让小 B 和我们对接工作了。"

先不说对接工作了，小 B 能否通过试用期，估计都很成问题。

作为职场新人，一定要理解一件事：你的工作绩效虽然是你的直接上级或部门经理评定的，但你在工作中的表现，会通过各种你想象不到的渠道传到你的上级耳朵中，如果是赞扬与肯定，这甚至比你直接向上级列举自己的工作绩效更管用；如果是批评与否定，则不仅会对你的工作绩效造成伤害，甚至可能让你的上级非常尴尬。所以，一定要关注跨部门的重要协作者，尽量给他们留下一个好印象，因为在这样的协作中你代表的是整个部门。

上级的上级

也许你会觉得，上级的上级不应该是你的上级去关心的吗？为什么也需要你重点关注呢？原因非常简单，除了个别等级森严的组织不会给员工“跨级沟通”的机会，在绝大多数组织中，是避免不了跨级沟通的。

我们还用刚才提到的小 A 举例子。

一天，本该由 P 经理、人力资源部经理 Z 总、某业务部门经理 Y 总一起担任面试官的一场面试就要开始了，结果 P 经理临时有紧急事务外出，人力资源部经理 Z 总大手一挥：“小 A，你和我们一起去。”

小 A 十分忐忑，因为这次面试的候选人级别不低，而自己从没有参与过这种级别候选人的面试，不过她很快冷静下来，先根据 P 经理外出前留下的联系方式确保候选人在指定时间来到面试会议室，然后准备好简历及其他面试资料，邀请 Z 总、Y 总来到会议室，一场面试开始了。

小 A 做了一个简洁而专业的开场，在面试过程中做了详细的记录，面试结束后，送候选人到公司楼下，之后用很短的时间整理好了面试评估报告，经过 P 经理确认后，反馈给了 Z 总和 Y 总。

“这个小孩不错，值得培养。”Z 总虽然没有当面称赞小 A，但在 P 经理回来后，向 P 经理表达了对小 A 的肯定。

所以，上级的上级未必需要我们经常去打扰，但老话说得好，“机会总是留给有准备的人”。做好自己的本职工作，你一定会有机会在上级的上级面前展现出自己的能力，而当你得到上级的上级肯定时，等于是为你将来的晋升与发展增加了一个重要砝码。

组织内的“社牛”

许多组织内都会有这样一类人，他们几乎认识公司每一个人，并能以最快的速度和新加入公司的人熟悉起来，他们的级别不一定有多高，但活跃程度在组织内部绝对数一数二，这样的人或许可以叫组织内的“社牛”吧，各位职场新人，切莫忘了去认识并熟悉这样的人哦。

举个例子，小C入职第一周，就加入了公司的一个篮球兴趣小组群，群里有位同事，大家都管他叫“队长”。不久后的一次活动，小C见到了这位队长，队长的身材看起来不像运动达人，在球场上比画了两下，显然也是很普通的选手，但小C渐渐发现，队长是这个小组绝对的精神领袖。

小组的活动都是队长组织的，每次活动前，队长会帮大家预定好场地，买好饮料，活动中队长一般只上场一会儿，但总会招呼那些坐在场边的同事多上场。有时候，队长会约其他公司的人来打友谊赛，有时还会组织大家聚个餐、爬个山。

小C还关注到，队长不只是和篮球兴趣小组的同事熟，甚至和公司的每个同事都认识，于是趁一次打球场边休息的工夫，小C通过和队长闲聊得知，队长是在公司快15年的老员工了，因为待过的部门多，人又活跃，所以公司里的每个人都对他印象很好，不仅工作上的事情喜欢问他，工作以外的事也愿意和他交流。

就这样，小C在公司中有了一位十分特殊的“导师”，通过队长的帮助，小C解决了一些靠自己的力量无法解决的困难，得到了部门经理的好评。小C想，或许十多年后，自己也可以成为“队长”。

二、初入职场，应该最先练会的几个基本技能

初入职场，要学的基本技能有很多，最重要的自然还是本岗位的工作技能，这通常也是最不容易被忽略的一类技能，但光掌握这些技能似乎还不够，甚至还缺不少，不然为什么总会在工作中遇到一些意想不到的阻力呢？为什么总感觉没有把领导的意思理解到位？为什么同一个同事愿意搭理别人却不愿意搭理你？这或许是因为你的技能包里面缺了几项关键的基本技能。

沟通交流的技能

这是老生常谈的一项技能了，展开了甚至可以写一本书。此处我们要讲的沟通，准确地说是“如何用这个组织习惯的沟通工具和沟通方式去沟通”。

每个组织都有自己习惯的沟通工具，有的组织不爱书面沟通，就喜欢打电话说，有的组织不爱打电话，因为不方便“留痕”，所以喜欢用内部

的即时通信软件，或者干脆就用微信。还有的组织非常正式，喜欢用电子邮件。这些做法没有对错优劣之分，只有“适不适合”，找到一个组织最习惯的沟通工具，是职场新人的基本功，甚至同一个组织内部，不同的人还会有不同的习惯，这也不奇怪。

其次，是沟通方式。有的组织沟通方式很正式，特别是对平级和上级，如果没有一个“× 总”“× 经理”“× 老师”这样的尊称开头，对方会觉得不礼貌；有的组织则相反，相互之间直呼姓名，甚至没有称呼就直接说事。这同样没有对错优劣之分，只有“适不适合”，职场新人要尽快学起来。

最后，是沟通时间。我们举个例子。

小 A 在工作中需要和很多同事沟通，特别是 T 总，几乎每一两天都会联系一次。小 A 第一次联系 T 总并不算顺利，一大早发的消息，T 总直到下午 4 点才回复，而且非常简短，小 A 仔细想了想，排除了沟通用词上的问题，觉得或许是时间不对。过了大概一个月，结合自己的总结和一些相关信息的参考，小 A 发现了一个规律：

T 总每周一到周四的上午基本没空回消息，下午 3 点以后有空的概率比较大，周五下午似乎是时间最充裕的时候。于是，只要不是特别紧急的事情，小 A 都会在下午 3 点以后或者周五下午和 T 总联系，从那以后，T 总常常都能“秒回”。

其实，在一个组织中越是重要的人，越需要有自己的“专属”时间，在这样的时间如果去打扰，常常会被“已读不回”，换个时间则完全不同，其中的奥妙需要职场新人多多体会。

到目前为止，我们都还没涉及沟通的内容呢，不要急，下面几个方面都是和内容有关的。

跟进工作的技能

职场新人常常收到的一些工作“指令”是：什么什么事，跟进一下。似乎很少会有上级专门跟你解释“跟进”什么，怎样才是好的“跟进”，全靠自己领悟。其实，跟进工作还是有技巧可以总结的，我们来看看小 C 和小 D 的故事。

小 C 和小 D 是同一个部门的新人，根据分工，小 C 需要常常和公司华北区的分支机构沟通，小 D 则对接华南区。一个周一的上午，部门经理布置了一项工作，要求周五下班前必须收齐分支机构的反馈，做成报表提交，小 C 和小 D 收到指令，开始干活。

第一个动作，他们几乎是一样的，各自在本区的内部沟通群发了工作通知，群内有部分同事反馈“收到”。

周二上午，小 D 把前一天的通知复制了一遍，再次发到群内，这次几乎没有人回复他的消息。小 C 没有发通知，他正在研究这件事的复杂程度。

小 C 判断，越是大型的分支机构，这件事做起来越是复杂，甚至如果不加班，周五下班前未必能搞定，而越小型的分支机构，这件事越简单，甚至马上就能做完。既然如此，似乎可以不用等到周五。

小 C 试着联系了几个小分支机构，一方面询问对方能否提前一点反馈，另一方面带着学习的态度，向分支机构的同事请教，对于那些大的分支机构，这件事情是不是确实会比较麻烦。很快，小 C 印证了自己的猜测，几个小分支机构当天就反馈了这项工作，并且其中一位同事告诉小 C，这个工作量大，分支机构确实一时半会儿干不完。

小 C 赶紧和大分支机构逐一联系，在提醒他们不要错过反馈的截止日期的同时，问对方自己是否可以提供一些支持。

“呀！昨天通知的吗？我没看见，这事很费时间的，我赶紧布置下去。”北京分公司的负责人对小 C 说，“下周一反馈可以吗？”

小 C 想了想说：“我去问下部门经理，然后告诉您吧。对了，这件事有没有我这边可以协助您完成的？”

“嗯，这里面有一部分的信息，咱们人力部门可以提供，如果他们能帮忙，那会快不少的。”

小 C 暗自庆幸“还好问得早”。

周三上午，小 D 又把前一天的通知复制了一遍，再次发到群内。小 C 没有发通知，但他收到了一个好消息，人力部门愿意帮助他提供一部分的信息！

周四上午，小 D 又把前一天的通知复制了一遍，再次发到群内。小 C 也发了通知，不过他加了一点内容，提示大家明天就是截止日期了，切莫遗忘。这一天下班的时候，小 C 的工作其实已经做得差不多了，就等三个大分支机构的反馈，其他的都已整理好。

周五上午，小 D 又把前一天的通知复制了一遍，再次发到群内，他加了好几个感叹号，因为他还没有收到任何一个分支机构的反馈，群里也没有人回复他。小 D 手忙脚乱地开始打电话，然而糟糕的信息接二连三：

“今天才说？怎么可能弄得完？”

“拜托下回早点儿打电话啊，业务那么忙，谁顾得上看群消息……”

“我们老总这周休假，今天肯定反馈不了。”

而周五中午，小 C 对接的全部反馈都已收齐，他花了一个小时认真整理、核对完毕后，下午 3 点正式提交给了部门经理。

部门经理整个周末都在想：同样是刚毕业不久的孩子，差距怎么就这么大呢？

提出问题的技能

在职场中，问问题并不只是发生在你“不懂”的时候，那种问题叫询问型问题，还有一类问题，叫确认型问题。

也许你会发现，一些工作绩效突出的同事，会时不时地问一些确认型问题，比如：

“您的意思是不是……我先……然后……最后把这个事情反馈给 ××？”

“这个项目您是希望再叫上 ×× 部门和咱们一起，三个部门协同推进，对吗？”

为什么他们会问这些问题？原因就在于每个人的表达能力、理解能力都不是完美的，一个人心里想的事情和说出来的事情，可能有偏差，说出来的事情和别人理解的事情，可能又有偏差，偏差小的时候或许还容易弥补，偏差大了，可能就会出现心里想的是“马冬梅”，别人理解的已经是“孙红梅”了。要想尽量避免这种情况，就要学会问确认型问题，这些问题可以帮助沟通双方形成尽可能没有偏差的共同认知。特别是对职场新人来说，当领导布置给你一项稍微复杂的工作时，记得通过这个问题确认你是否理解到位了。

回头再说询问型问题，同样有学问。

大家可以回忆一下，在过往工作中那些别人“已读不回”或者“答非所问”的问题，是不是都至少命中了以下三个问题中的一个？

太模糊、太宽泛、太“复合”。

太模糊的意思是，对方不太能理解你具体想问什么；太宽泛的意思是，问题所涉及的方面太多，写一篇文章都未必能说全；太“复合”的意思是，其中包含了至少两个不同类型的问题。

举例来说：

“× 总，今年您那边主要的几项业务有没有遇到什么预料之外的情况？”

这是个太模糊的问题，假设双方对“主要的几项业务”是能够彼此理解的，那么什么叫“预料之外的情况”呢？远低于预期是不是预料之外？远高于预期是不是预料之外？其实，提问者真正想问的是：

“× 总，今年您 KPI 上有明确要求的几项业务指标，从目前的进展来看，有没有出现比预期进度落后超过 50% 的情况？”

再举一个例子：

“× 总，咱们北京分公司一般怎样开拓客户？”

这个问题倒是挺明确，但特别宽泛，除非是媒体采访，如果工作中提这样的问题，多半会让对方不知从何说起，不如这样来问：

“× 总，我这边从数据上看，咱们北京分公司最近两年的个人客户开拓很有成效，其中关键的成功因素大概有哪些呢？”

刚才的那个问题，其实也有“太复合”的毛病，因为提问者真正想问的是：北京分公司最近两年的个人客户增长很明显，有哪些关键的成功因素？同时，公司客户基本没有增长，甚至有个别大客户流失，问题出在哪里，后续有什么应对措施？

你看，如果我们能够对问题做适当拆分，并且更加聚焦，对方回答时也更能抓住重点。

三、要不要做一些“分外”工作？

职场新人常常遇见一种烦心事：

“这工作明明不是我负责的，为什么就甩给我了？”

每个这样的故事背后，自然有另一个不够负责任的同事，我们的重点不在于谴责这个同事，而在于两件事：第一，要不要接这个“分外”的工作，要有自己的判断；第二，如果不接，怎么拒绝才更得体。

先看看要不要接的问题，答案显然不能“一刀切”，要与不要的标准，就在于这个工作是否可以在不影响你本职工作的前提下，给你带来新的“价值”。

还是来看小 A 的故事。

公司要组织一场封闭式培训，人力资源部是这次培训的组织方，因此需要安排若干同事前往培训基地，负责教务方面的工作。部门本来只有两个培训专岗的同事，而培训需要 3～4 位同事负责教务，部门经理就安排了部门内的一位老同事 Q 前去。下班的时候，Q 同事来找小 A：

“小 A 呀，那个培训你能替我去不？因为正好是周末，我答应了孩子带他出去一趟，如果你能去的话，咱们一起去和部门经理说下？”

小 A 第一感觉有点儿抵触，谁周末没有安排呀，我周末还想和男朋友约会呢，但马上又觉得似乎把问题想简单了，于是小A给出了一个未置可否但又十分礼貌的回复：

“Q姐，咱们这培训是年年都搞吗？我还挺好奇这次培训都有些什么课程，您之前应该参加过许多次吧？您给我介绍下？”

Q同事看小A对这事似乎有兴趣，于是颇为详细地向小A捋了捋这次培训的来龙去脉，小A一边听一边有了答案，因为她捕捉到了几个关键信息：

第一，这是一个后备干部的培训，参加者都是公司的年轻骨干；

第二，培训中会讲到行业的许多热门话题和创新业务；

第三，别看人力资源部每次都有同事去跟着做教务，但整个部门真正以学员身份参加过培训的，竟然只有部门经理一个人。

“没问题的Q姐，您和Z总说吧，我这边没问题。”

一周后，小A以工作人员的身份出现在了培训现场，但这次培训她的收获远不止积累了一些组织工作的经验，她还认识了很多优秀的同事，对业务有了更多的理解，同时，她还在Q同事那边刷了一波好感。

大约半年后的一天，Q同事又来找小A：

“小A呀，咱们要报给审计的报告，你能帮我写一下吗？我最近有点儿忙。”

小A婉言拒绝：

“Q姐，那个报告还挺重要，涉及的方面也挺广，您看要不您告诉我一下，招聘工作方面我可以提供哪些素材给您，我担心直接写的话，万一出了什么纰漏，对部门影响还不小呢。”

Q同事又磨了磨，感觉让小A接手没什么希望，就放弃了。

小 A 并不是写不了那个报告，而是她非常清楚：

第一，这个报告的内容不难找，但是有特定的行文风格要求，一时半会儿不一定能学会；

第二，那种文风，可能对于绝大多数的人力工作来说，是用不到的；

第三，时值年底，自己手头的事情也不少。

一正一反两个例子，相信你大致能够体会到其中的奥妙了。其实，有不少职场新人在接到同事“甩”来的分外工作时，会本能地陷入一系列的负面情绪：

“凭什么我做啊？”“不做的话要怎么拒绝呢？”“拒绝了万一给同事留下不好的印象怎么办？”“不拒绝的话要花费不少额外的时间，值得吗？”……

可是，我们完全可以换个角度想：

“好机会啊，可以接触一下原本接触不到的新事物了！”“同事会找我，说明他是信任我的！”“如果这工作比现在的本职工作更有趣，那不是给自己增添了一个未来的可选项吗？”

从这样的角度来思考，不代表我们一定会接受这个分外工作，而是能够帮助我们尽可能地发现这件事积极的一面。如果我们决定要接这个分外工作，记得以下几个原则：

第一，先确保自己的本职工作不受影响；

第二，通过“不刻意”的方式让你的上级知道你接了这个工作；

第三，在基本弄清楚这个工作的重要性、紧迫性后，再结合自己的能力决定要不要接。换言之，越是重要、紧迫但可能超出你能力范围的分外工作，越要慎重。

最后，每个人都难免遇到忙不过来的时候，当你也需要让别人帮你承担一些分内的工作时，记得要找自己信任的人，并且主动把工作的重要性与紧迫性说清楚。

四、 业余时间，如何给自己充电？

职场新人虽然通常更年富力强，但很有可能在职业初期更容易疲惫，原因很简单，大多数朋友在上学期间的作息是相对随意的，而当你上班之后，要适应“不确定能不能早睡，但确定要早起”的生活节奏，确实需要时间。我至今还记得上班的第一年，好几次偷偷躲到厕所打小瞌睡的经历。

既然都已经这么累了，业余时间还要给自己充电吗？

答案是肯定的。

虽然我们总说“干中学”，但仔细想想就会发现，在上班的时候能给你用来“学”的时间，真的不多。许多时候，我们都是先懵懵懂懂地把事做了，来不及多想，等你熟练后，也懒得多想了。

所以，业余时间给自己充电的第一种方式，简单到你可能想不到，那就是——复盘自己的工作。

这也许有些无聊，但请相信，坚持一段时间后你会发现，你在工作的时候会更有条理，更游刃有余。

小C刚过试用期，他在试用期的表现很受领导赏识，但小C觉得工作中很大一部分内容是“发表、收表、做表”，许多业务原理自己并不十分清楚，于是他利用业余时间把平时那些来不及细看的工作资料翻出来重新学习，把平时那些来不及细想的工作报表翻出来再做研究，很快，小 C 对业务有了更深的认识，不仅能够圆满完成上级安排的工作，还能提出很多建设性的意见。

业余时间给自己充电的第二种方式，考取一些与工作有关或与自己兴趣有关的资质。

前者容易理解，后者也可以算一种充电方式吗？当然算。

人的学习能力在许多领域都是相通的，而且在业余时间做一些自己喜欢的事情，本来就是能让自己恢复活力的方式，不要觉得“考证”很功利，这其实是一种很方便的“自我修炼”。

第三种方式，很简单，但很容易被误解，那就是社交——找合适的人社交。

小 C 和许多校友在同一个行业，他们有的已经进入了公司的中高层，有的可能和小 C 一样，是个职场新人。小 C 是个有心人，当他了解到这群校友竟然还没有一个微信群的时候，主动承担起了建群的工作。也许是自带社牛属性，小 C 很快建起了一个 100 多人的校友群，甚至一些处在求职季的在校同学都加了进来。小 C 的脑筋又活络了一下，干脆组织一次线下的聚会，请群里的“老江湖”给在校的同学分享一下从业经验，不是挺好的吗？于是，小 C 联系了母校的老师，办了一场沙龙，吸引了几十位校友和在校同学前来参加。

一回生，二回熟，小 C 之后又组织了多次类似的活动，虽然他工作没几年，但在同行业校友中有了很高的知名度，而通过与校友的交流和借助校友的一些资源，小 C 很快在公司崭露头角，成了公司重点培养的青年骨干。

“充电”这件事真没有大家想得那么难、那么苦，也不是说业余时间不能休闲娱乐，甚至休闲娱乐是永不过时的一种“充电方式”，我想告诉大家的是：打开思路去“充电”，你才能避免让自己变成一个“只会工作”或者“只有工作”的人。

五、 领导好像不喜欢我，怎么办?

小 D 最近情绪有些低落，因为他和部分职场新人一样，遇到了一件令自己感到怀疑又不敢去确认的事——领导好像不喜欢我。

怎么办？当然，这种烦恼可能特别容易发生在一些敏感的职场新人身上，而另一些职场新人对此似乎毫不在意——领导喜不喜欢我，随他的便！

所以，如果你是一个并不在意领导是否喜欢自己的人，这一节可以跳过，但还是容我多说一句：我们依然要做好自己的本职工作。

如果你是一个在意领导是否喜欢自己的人，我们通过三个步骤来帮你分析。

第一步，领导是否喜欢你，这件事确实值得我们在意吗？

因人而异，如果你会因此影响到工作状态，我不会对你说“别在意”。相反，我会告诉你，结合你的这种性格特征，强行说服你不要在意反而没必要，因为这种性格不是一朝一夕形成的，甚至其中有基因的因素，那就不用强行“矫正”了。这件事确实值得我们在意，因为我们的工作是需要反馈的，而领导是否喜欢你，是各种反馈中很重要的一个。

第二步，如果领导确实不喜欢你，原因是什么呢？

可能你会觉得：这还不简单？就是因为工作没做好呗。

“工作没做好”这个说法太笼统了，究竟是怎样“没做好”？我们来看看小D的故事。

原来，在上一次收集分支机构反馈的工作中（详见第151页“初入职场，应该最先练会的几个基本技能”），小D就给自己埋下了雷。

那个周末，部门经理一直在想：同样是刚毕业不久的孩子，小C完成得如此出色，小D怎么就如此拉胯呢？

部门经理庆幸自己提前预计到了这项工作交给新人可能出现的状况，于是打了一些富余量。其实，这项工作真正的截止时间是第二周的周一，于是，周一一早，部门经理就把小D叫到了办公室：

“小D，目前还有两个分支机构没有反馈，已经反馈的也有不少信息缺失，今天务必把这些补全，下班前要提交给我。”

“好的。”

“你去找一下M哥，他之前和分支机构对接过很多年，很有经验，和分支机构沟通是有一些技巧的，特别是现在时间很紧，折腾不起了。”

“好的，我去问下M哥。”

下班的时候，还是缺一个分支机构的反馈，已经反馈的信息也仍然有缺失，部门经理有些生气了：

“这几个机构是什么情况？”

“我跟他们说了，但他们还是没完成。”

“你有没有打电话给他们的老总？”

“啊？我们不是一直和他们的助理岗联系的吗？”

“M 哥没有跟你说吗？”

“呃……”

从那之后，部门经理再也没有把这项工作交给过小 D。

在这个故事里，小 D 踩了三个关键的雷：不尊重既有经验、不主动承担责任、不提出改进方案。

部门经理让小 D 去找 M 哥，自然是希望小 D 可以学习一下其他同事的经验，无论这经验是不是正确的，起码应该先了解一下，但事实上小 D 只是问了 M 哥有没有空，M 哥说手头有急事在处理，小 D 想想觉得那就算了，反正以前的经验也不一定对，于是又回到了自己闷头干的状态，而 M 哥最关键的一个经验——工作紧急时，一定要直接和分支机构老总联系——小 D 完全不知道。这是第一个雷：不尊重既有经验。

部门经理问小 D“这几个机构是什么情况”，小 D 的说法虽然表面上看没有违背事实，但给人一种“我没有责任，责任都是他们的”的感觉，特别是对职场新人来说，这种感觉是极易“丢分儿”的，因为在领导和同事的一般认知中，新人本身就处在经验、能力都欠缺的阶段，如果连责任心都不够，甚至习惯性地推卸责任，那几乎是无药可救了。这是第二个雷：不主动承担责任。

周一上午部门经理第一次找小 D 的时候，其实还没有完全对小 D 失望，这时候小 D 如能就“怎样在这一天的时间中弥补上周工作的失误”提出一些想法，那依然有可能在部门经理心中赢得好印象——即使这些想法未必完美，但起码意味着我们对自己之前的失误是有反思的，而小 D 除了“好的”之外，什么也没有表达。这是第三个雷：不提出改进方案。

也许还有其他的雷，但这三个雷，最为常见。

第三步，如果你想改变这个现状，该怎样努力呢？

很简单，当我们分析出了雷在哪里，努力的方向自然就是“不要踩雷”。作为职场新人，我们的能力和经验通常都是欠缺的，首先要以一种谦虚的姿态去了解每项工作的既有经验，对于这些经验，要积极地去发现其中的合理性，而不要有“挑刺”的心态。其次，对于自己出现的失误，要勇于承担责任。平心而论，工作中绝大多数的失误都不是一个人的责任，而是多个人共同的责任，甚至是组织本身的系统性问题，但这绝不是职场新人推卸责任的理由，主动承担自己的责任，至于别人承不承担他的责任，没有必要纠结。最后，要主动提出改进方案，如果小 D 在前一周的周末能仔细复盘收集分支机构反馈过程中出现的失误，周一一早甚至不用等部门经理找自己，而是主动去找经理，为自己导致的工作进度延误表达歉意，同时提出自己的改进建议，并向部门经理寻求指导意见，那结果可能就大不一样了。

若能做到以上三点，相信每一位新人不仅能迅速成长，还能给领导留下一个“值得栽培”的印象。

那么，我们需要主动“秀”出自己的成长和进步，让领导注意到自己吗?

六、成长需要“秀”出来吗？

所谓“秀”出来，意思是以一种明显带有主动性的方式展示自己的某种特点或某项成绩。在不同的文化背景中，这种行为会被赋予不同的意义，因此，答案或许不是唯一的，但在中华文化的背景下，我想告诉各位职场新人：主动“秀”成长，不仅不会让领导更喜欢你，甚至会让其他同事对你“敬而远之”。

同时，我想给职场新人两个重要的提示。

第一，你的成长，让别人来称赞会更有分量。

第二，称赞别人，是你不可缺少的一种成长。

这两个提示，甚至会形成某种“闭环”。

说回小 A 去担任培训教务工作的事（详见第 158 页“要不要做一些‘分外’工作？”），在那次培训结束后不久，部门经理就收到了一些对小 A 的称赞。

“您部门那个新同事，组织工作很到位，考虑事情很周到！”

“您部门那个新同事好像是招聘专员吧，做培训工作看起来也很有经验的样子！”

部门经理很欣慰，他找了个机会和小 A 沟通近期的工作。

“上次那个培训会，你觉得咱们组织得怎么样？有没有什么收获？”

小 A 其实早已做过复盘，于是有条不紊地讲出了上次培训项目设计与执行中的几个亮点，但丝毫没有“培训组织得好是我的功劳”的意思。相反，她强调的是“公司的培训体系很成熟，自己从中学到了很多”。

部门经理又说：

“几个部门的同事对你的评价很好呀，下一步我们可能会推行 HRBP 制[①]，到时候你有兴趣的话，可以做那几个部门的 HRBP。”

“没问题呀，在这次培训中我也感觉到他们确实都相当有能力，如果可以以 HRBP 的身份和他们近距离接触，一定可以学到更多。”

这次沟通结束后，部门经理已经非常笃定，要重点培养小 A 这个新人了。

通过这个案例，相信你也明白了前面两个重要提示的含义，而所谓的“闭环”就是：你越是能够怀着积极的心态发现同事身上的优点、称赞你的同事，你的同事也会越愿意称赞你，这非常符合人们“互惠”的本性。

当然，这里也绝不是说在写工作总结时不要提及自己的成长，而是说不要给人一种刻意表演的感觉。如果你的性格天生比较爱“秀”，一时难以调整，那么起码要记住一件事：

多去“秀”你们——你的团队，而不是“秀”你——你自己一个人。

---

① HRBP 制是现代人力资源管理中一个比较先进的理念，主张人力资源工作者应该主动深入其服务的部门，通过更贴近实地的工作感受，发现组织中需要解决的人力资源相关问题，HRBP 可能不只有单一模块的某个人力资源职能，而应该是一个了解多个模块的“多面手”。

第八章

跳槽

人人都要面对，重在做好准备

一、不喜欢了，就要跳槽吗？

如果做一个“你在参加工作后多久第一次有了跳槽的想法”的调查，估计答案会随着工作者的出生年代有所不同。无论怎样，在如今跳槽都是一个很正常的想法，但更重要的是跳槽背后的理由。

不喜欢了，就要跳槽吗？当然没那么简单，我们需要对“不喜欢”这三个字做出更细致的思考，然后再决定要不要跳槽。

如何思考呢？我们可以先把影响工作满意度的因素分成几个维度，如工作强度、兴趣程度、团队氛围、薪资待遇、发展空间等。在分出这些维度后，可以问问自己，哪些方面是自己完全不能接受（对应下表中的“非常不满意”）的？

为了更加直观，不妨自己制作一张表格。

影响因素	满意程度				
	非常不满意	比较不满意	中立	比较满意	非常满意
工作强度	√				
兴趣程度				√	
团队氛围				√	
薪资待遇					√
发展空间					√
……					

举个例子，小 H 入职一家公司一年了，这一年他过得不太开心。本来，这家公司是小 H 在上学期间向往已久的，然而当他正式入职后，渐渐发现有些不对劲了：公司的工作强度极大，同事们每天上午早早地来到公司，晚上通常在 10 点以后离开，周末很少能够完整、平静地度过，总有处理不完的事情，甚至不止一次在半夜被叫醒加班。小 H 虽然对加班有心理准备，也觉得年轻的时候吃点儿苦、磨砺一下意志不是什么坏事，但如此高强度的加班大大超出了他的预期。

虽然这份工作是小 H 感兴趣的，团队氛围也不错，薪资待遇、发展空间在同行业内更是数一数二。但小 H 觉得，这一年自己常常陷入了无生趣的状态，即使难得有一个长假，也会在“会不会突然收到夺命加班 call”和“长假没剩几天了”的焦虑中度过，小 H 甚至一度怀疑自己是不是抑郁了。

加班多并不意味着非要跳槽，但不同的人对加班的承受能力是不同的，像小 H 这样的状态，是可以考虑跳槽了——工作的某个方面是自己完全无法忍受的。

还有一种情况，“虽然没有某个方面是自己完全不能接受的”，但是“也找不出任何一个方面是自己满意的”。

再举个例子，小J所在公司的工作强度虽然大，但还能接受，可工作本身比较乏味，他很快就掌握了自己负责的工作流程，并且看起来也学不到新东西了，因为同样岗位的另一位老员工每天和小J做的几乎一样。团队氛围一般，大家交流很少，但也没什么争执。薪资待遇属于可以让小J吃饱肚子但也攒不下钱的情况。发展空间基本随缘。

小J也有一些迷茫，继续干下去，没什么困难但也没什么盼头，这种状态是不是要考虑换工作了呢?

是的，这时候同样可以考虑跳槽了。

以上两种情况，我会比较坚定地建议你考虑跳槽，为什么呢?

我想和大家讨论一个话题——职业倦怠，这是一个20世纪70年代就被提出的概念。职业倦怠对于一个人的伤害是长期的，一旦产生了较为严重的职业倦怠，想要重新恢复职业热情也是一件困难的事。而以上两种情况，都是非常容易让人产生职业倦怠的，所以，除非你有能力在不跳槽的前提下改变这种情况，否则，最好考虑跳槽。

而在不跳槽的前提下改变这种情况，通常也并不是一个职场新人可以决定的，但可以保持关注，比如:

公司的其他团队、部门是否也存在这样的情况?如果情况相对较好一些，公司内部是不是有转岗的机会?

你所在的公司高层或团队管理者近期是否有发生变动的可能?

但建议不要把这些关注表现得过于明显，以免给自己带来麻烦。

如果真想跳槽了，应该做哪些准备工作呢?是直接开始投递简历吗?

二、真要跳槽，从哪里开始？

许多朋友可能会觉得，下定决心跳槽的那一刻，是可以对手头的工作彻底放飞、全心全意投入“找下家”的活动中了，但这个想法真的对吗？

真要跳槽了，我们应该做好哪几件事？用一个词概括即可——承上启下。

先说“承上”，也就是对手头的工作做一个系统的梳理。

通常，我们会在半年、年终的时候做这类工作，但当你决定跳槽的时候，这件事你最好提前准备，因为在找到新的工作后，你终究要和现在的公司提离职、做工作交接。

这时候的工作梳理，其实比半年、年终的更复杂。

半年、年终的工作梳理，本质上还是“抓大放小”，因为后续工作还是由你来做，所以不用事无巨细。但当你从这个岗位离开时，是要把你的全部工作交接给下一位同事，这就需要“事无巨细”了。

也许有的朋友离职时对原公司心怀不满，在工作交接时不愿投入过多精力，但换位思考一下，你会不会希望你即将前往的新工作岗位的“前任”也给你留下一个烂摊子呢？显然是不想的，所以，我们应该抛开与公司的“恩怨”，把交接工作做到位。

摆正了心态，工作梳理就不会太痛苦了，并且这梳理工作还有一个重要的意义，那就是帮你“复盘过往，应对面试”。在跳槽的过程中，新公司通常会让你介绍最近的工作经历，甚至会让你举出具体的案例、数据，自我评价一下亮点和不足，那么在梳理工作时何不做好这方面的准备呢？

所以，在“承上”的部分，我们可以通过两个方面来检视自己是否做到位了。

第一，假如你的“继任者”明天到位，你可以有条理且有效率地把工作进行完整的交接吗？

第二，给你 3 分钟时间，你能否完整地阐述自己在目前的岗位所承担的工作，以及过去一两年最突出的工作成绩？

再来说“启下”，即如何让自己更好地进入“开启新一段工作经历”的状态。

大体上，我们可以按照“了解行业、了解公司、了解岗位”这个步骤来。

如果你仍想继续留在这个行业，那第一步是可以跳过的，但如果想换新的行业，那第一步就要确认你想去的行业是不是“夕阳行业”，如果是，那么一定要慎重考虑。

我们如何判断一个行业是不是“夕阳行业”呢？其实，在互联网如此发达的今天，通过搜索引擎就能大概了解。比如，看一看这个行业的上市公司业绩如何，如果上市公司有限，且过往 3 年的股价走势不乐观，甚至有退市风险，那意味着这个行业多半是没前途的。

假如你想去的不是“夕阳行业”，那么可以进一步了解行业目前的主要发展方向、业务模式、公司竞争格局等，这不仅是你进一步判断选择哪家公司的依据，也是你在面试中和新公司沟通的重要素材。

在选择公司时，最优先考虑的主要是两个方面：要么占据行业龙头，要么成长迅速。如果这两方面公司都不具备，那就要注意“避雷”。

如果说第一个步骤可以通过自主搜集信息来判断，那进入第二个步骤时，最好找一些“内部人士”咨询。客观地讲，再好的行业里也有稀烂的公司，再普通的行业里也有优质的公司，而一个公司到底好不好，光看一些公开信息是容易出现判断偏差的，听听这家公司的在职员工或离职员工对其评价，才能更加全面地做出判断。

当然，只听一两个人的说辞还是比较片面的，此时我们需要大致把握的原则是：越是在这个行业、这家公司工作时间长的人，他的意见越值得参考；越是和你熟悉的人，他的意见越值得参考；越是私下交流中获得的信息，越值得参考。

也许你会问：我就是找不到“内部人士”怎么办？那就只能借助其他机会来观察了！

小 L 最近准备跳槽，他接到了一家公司的面试机会。此前，他也试图找一些“内部人士”了解这家公司的情况，遗憾的是没能找到。从公开信息看，这家公司似乎没什么负面新闻，但好像也没太多亮眼的报道，于是小 L 决定在面试中寻找一些蛛丝马迹。

面试本身比较顺利，不过更重要的是，小 L 通过在这家公司的两轮面试，大致判断出这家公司是比较靠谱的，因为他注意到了这些细节：两轮面试的面试官都非常守时；两轮面试结束后，招聘专员都送他到了电梯间；面试房间从桌面到地面都非常干净整洁；路过办公区的大开间时，能感觉到工作氛围是舒适但不懒散的；厕所很干净，没有异味……

所以，建议大家去一家公司面试时不要总踩着点，提前到的话，或许还能利用等候的时间观察一下这家公司。

在第一次面试过后，小 L 就加了招聘经理的微信，因为对这家公司很有好感，小 L 也主动向招聘经理了解了一些自己关心的问题，从招聘经理专业而得体的沟通中，小 L 对这家公司越来越有信心，最终他也顺利通过了全部的招聘环节，入职了这家公司。

其实，第三步“了解岗位”没有什么特别的技术含量。一个岗位需要完成什么工作，最清楚的自然是部门负责人。在和部门负责人沟通前，需要熟悉这个岗位的工作描述，看是否与招聘信息中的有出入，如果出入很大，就需要多加留意了。

在正式接受一份工作前，要清楚地知道这个岗位需要我们完成哪些工作，而当工作中出现我们还不熟悉的事项时，要确保有途径来学习和掌握。

跳槽既考验一个人的责任心，也考验一个人的信息收集能力和判断力，千万不要觉得跳槽是碰运气，能找到一个更好的工作机会，本身也是对一个人职业素养的重大褒奖。

三、 跳槽的事，需要对现在的公司坦承吗？

前面说了，如今跳槽是一件很正常的事，当然应该对现在的公司坦承。

接下来和大家探讨的，就是选择在什么样的时机、以怎样的方式向公司说明——我要准备走人了。

先说时机。多数情况下，我们会选择在收到新工作录用通知后，再向现在的公司提辞。但以下两种情况是可以提前说明的。

第一种情况：公司有裁员计划，对主动找到新机会的员工是会支持的，这时候提前告知，还可能会得到一些帮助。

第二种情况：公司对你足够信任，尤其是能够给予你一些与跳槽相关建议的人，是可以提前告诉他们的。

我不建议大家将跳槽作为一种“威慑”手段，要求公司涨薪或提供晋升机会，这种做法看起来很“酷”，其实很不可取。

再说方式。通常而言，公司都有申请离职的“书面程序”，在这个程序中提供必要的信息即可，除此之外，建议大家和公司中的一些特定人物做一个“告别”。

首先自然是直接上级。

只要关系没闹僵，建议通过当面沟通的方式向直接上级说明自己的跳槽打算，在沟通中哪怕你觉得有很多客套的说辞，也要尽量感谢对方和公司对自己的培养和关心。然后，说明自己跳槽的原因，建议大家选择“积极向”的说法，如果你对公司的薪资待遇不满意，可以说：“新的公司提供了一份很有吸引力的薪资。”而不要说：“现在的薪资真是太低了。”

若是因为公司的工作强度太大而跳槽，你可以说：“我希望能多分出一些精力发展业余爱好（或者陪伴家人）。”而不要说：“现在的工作强度真是太大了。”

最后，要主动表达自己会妥善做好工作交接，以确保工作不出现“断点”。

在整个沟通过程中，不要排斥对方的负面表达，因为你的跳槽决定对公司往往是很突然的，对方情绪有起伏，有负面表达，也是可以理解的。你沟通的核心目的是和对方一起做好准备，迎接这个岗位的继任者。

除了直接上级，其他值得“告别”的人还有哪些？工作中曾给予你重要帮助、有较多交集的，私人关系不错的，其实都值得你去“告别”，只是要记得，不要搞得大张旗鼓就好。

这里其实还涉及一个问题，随着招聘技术越来越成熟，很多公司在招聘中已引入了背景调查的环节，要求你提供大约 3 个原公司同事的联系方式，之后他们通过电话访问的方式，向你的这些原同事了解你的情况。

所以，对于提供联系方式的这些同事，最好也记得提前和他们说明去向，并且请他们配合好背景调查，虽然不会占用太多时间，但仍然是他们的“分外之事”，提前让他们知情，也是一种礼貌。

也许你会问：要不要特别叮嘱这些同事为自己说好话呢？

我认为，只要你对自己在原公司的工作成绩和人际关系是有信心的，不必特别做这样的叮嘱，这样做反而显得多此一举。

四、竞业协议：跳槽后的商业保护手段

最近听闻有些朋友抱怨：“在职的时候被公司管，怎么离职了公司还管得着我。”乍一听以为是什么新型搭讪话术，详细一聊才知道，是竞业协议。如果协议符合法律规定，真实有效，那还真是要么服管，要么赔钱。

竞业协议是预防性保护用人单位商业秘密和知识产权的措施，其内容是对负有保密义务的劳动者，用人单位可以在劳动合同或者保密协议中与劳动者约定竞业限制条款，并约定在解除或者终止劳动合同后，在竞业限制期限内按月给予劳动者经济补偿。劳动者违反竞业限制约定的，应当按照约定向用人单位支付违约金。

竞业协议有以下几个关键点。

1. 自愿

竞业条款必须是自愿签订的。入职的时候公司强势，可能员工不签订竞业协议会面临压力。可如果入职的时候没有签订竞业协议，公司想在离职的时候补签，那劳动者就有了足够的话语权。要么不签订，要么公司给劳动者满意的补偿。

2. 有偿

如果用人单位想限制员工离职后的去向，必须付出相应的补偿作为对价。竞业补偿金额不得低于劳动合同解除或者终止前十二个月平均工资的30%。如果协议中没有约定补偿的，也不是当然无效。《最高人民法院关于审理劳动争议案件适用法律问题的解释（一）》规定：如果竞业协议中未约定经济补偿，劳动者履行了竞业限制义务，可以要求用人单位按照劳动者在劳动合同解除或者终止前十二个月平均工资的 30% 按月支付经济补偿。如果这 30% 的数额低于工作地最低工资标准的，按照劳动合同履行地最低工资标准支付。

3. 主体限制

竞业限制的人员限于用人单位的高级管理人员、高级技术人员和其他负有保密义务的人员。立法本意是保护用人单位的商业秘密，可普通打工人的工作哪有秘密。所以高管、高级技术人员才是掌握秘密的主要主体。但在实践中，法院超过八成的案件所涉及的主体都是“其他负有保密义务的人员”这一兜底条款。

如果劳动者能证明自己不掌握任何商业秘密，也能作为抗辩。比如按照标准流程作业的医生、不涉公司核心机密的普通员工等，一般不会被认定为掌握商业秘密的主体，从而使得竞业条款无效。

4. 时间限制

竞业协议时效不超过两年，两年之内公司要么一次性给齐补偿款，要么按月支付。两年之后自动解除相关限制。协议约定超过两年的，属于《中华人民共和国劳动合同法》第二十六条第一款第（二）项规定的“用人单位免除其法定责任、排除劳动者权利”的情形，应属无效。而根据该法第二十七条规定，劳动合同部分无效，不影响其他部分效力的，其他部分仍然有效。

5. 违约金金额限制

在竞业限制协议约定的违约金过高的情况下，人民法院可以结合违约行为造成的实际损失，以及违约的严重程度等因素，综合考虑依职权调整违约金金额。如果违约金额超过一般认知，且用人单位无法证明自身损失的，法院会适当考虑降低违约金。

综上，竞业协议是一种有效的商业保护手段，但同时也需要平衡员工的职业自由和权益。雇主在制定竞业协议时，应确保其合理、公平，并且遵守相关法律法规。员工在接受竞业协议时，也应仔细阅读条款，了解自己的权利和义务，必要时寻求法律帮助。通过合理的竞业协议，可以在保护雇主利益的同时，也尊重员工的职业发展。

五、 上级说要带我一起跳槽，跟不跟？

虽然这个问题很少有人遇到，甚至许多人在整个职业生涯中都未必会遇到，但这是一个很有趣的问题。

上级要带你跳槽，跳不跳？当然要看情况。

换位思考一下，假设你是一个能带团队的职场老人，现在有一个新的工作机会，你想带着团队的小伙伴一起“转会”，有几种可能呢？

可能是因为团队中有你特别器重的小伙伴，希望他也能有好的发展。

也可能是你对新的工作机会有一些不确定感，但又希望能尽快做出成绩，因此，想要有几个知根知底的得力干将。

又或者，你对原公司有强烈的不满……

所以，我们回到自己的视角，当上级说要带你跳槽时，不要贸然拒绝或答应，最好的处理方式是，表达出对这个机会的兴趣，并且请上级详细介绍新的工作机会，尤其是一起跳槽的话，他希望你在新的团队中承担哪些工作。了解完这些之后，可以表示自己需要再慎重思考一下，并会尽快答复。

为自己赢得了一些思考时间后，就要认真判断一下，上级想带你一起跳槽究竟属于哪种情况。

最不建议的情况，就是前面所说的“上级对原公司有强烈的不满”。如果你没有感觉到这种不满，自然不应该成为跟着跳槽的理由，如果你也感觉到了，那么充其量是一个选择离开的理由，但绝非你跟着上级跳槽的理由。在这种情况下，如果你跟着跳槽了，很可能让自己卷入一些无谓的“恩怨”中。

如果上级对新的工作机会有不确定感，希望带几个得力干将呢？这个理由似乎很正当，但同样有一定的风险。这次我们再换一个视角来思考。

假定你是一家公司的高层，公司新招聘了一位团队负责人，而他带着一些“旧部”前来，并且或多或少地表现出了一些对“旧部”更多的信任感，你会有什么感觉呢？有些怪怪的，对吧？因为这个做法说得不好听一点儿，有“结党营私”之嫌啊！假如你在加入一家新公司的时候，就被同事打上了“你是谁的人”的标签，这对你的发展恐怕是弊大于利的。

所以，比较说得通的理由，其实只有第一个，那就是上级确实很器重你，希望你能有好的发展，而正好上级在这次跳槽中发现了这样的机会，刚好你还能继续做他的团队成员。

要知道，每家公司都会欢迎优秀人才的加入，但也希望这些优秀人才是真的向往公司本身的平台，而不是为了某个人而加入的。

同时，在你最终决定要跟上级跳槽前，一定也要和新公司的人力部门做好确认，避免半途被“抛弃”。

最后，我们也稍微开个脑洞，假如有一天你也到了能带团队的级别，现在有一个跳槽的机会，你也想带团队成员一起离开，那你应该怎么向新公司表达这个想法，以及怎么向团队成员发出你的邀请呢？

以下只是我的一个答案。

对于新公司，你可以表达很认可新公司的发展前景，也希望能够帮助新公司招募更多的优秀人才，如果正好有需求，你是否可以推荐一些你目前的同事加入（但不要强调加入新公司后必须跟着你）？

假如新公司确实有这样的需求，那么对于你的团队成员，你可以表达很认可他的潜力，目前正好有一个新的机会可以试一试，如果他有兴趣，你可以做推荐人（同样不要强调加入新公司后必须跟着你）。

你的团队成员是否足够优秀，是否能胜任新的机会，以及是否依然适合作为你新团队的成员，这件事应该交给新的公司来判断。

六、求职路上，你值得拥有的几类朋友

本节所谈的几类朋友，自然是指“能够在你选择跳槽时，给予你更多帮助”的贵人。

有三类朋友是值得我们去努力维系和经营的：同业、前辈、猎头。

同业，严格意义上是指同一行业的从业者，但此处的同业也可以包括与你从事同一“专业”的人，比如，你是一家互联网企业的法务人员，他是一家房地产企业的法务人员，你们依然可以算作“同业”。

拥有同业朋友的最核心理由是，可以通过他们来判断所在行业或专业的发展前景。

小 K 所学的是财务专业，毕业后进入 A 行业从事财务管理工作，她的同学多数也从事了财务相关的工作，只不过所处的行业不同。小 S 是小 K 的同学，毕业后进入了 B 行业，他们一直保持着密切的交往，分享各自行业的一些工作心得。

有一天，小 K 告诉小 S，她从收集到的各方面信息感觉到，A 行业可能会进入衰退期，但不清楚这衰退期会持续多久。小 K 觉得自己要早做准备，于是请小 S 帮忙留意 B 行业是否有工作机会。

大约半年后，小 K 真的遇到了这样的机会，她慎重考虑后决定从 A 行业离职，进入 B 行业继续从事与财务相关的工作。而就在小 K 离职后半年，A 行业的多家企业开始裁员，整个行业进入了“寒冬”，让许多人措手不及，而小 K 暗自庆幸自己退出得早。

再来说说前辈。前辈不一定和你处在同一行业，也不一定和你从事同一专业，而是那些比我们有着更丰富的职业经验，可以给我们提供更多职业发展建议的人。当然，也包括一些工作机会。

小 L 所学的是法律专业，在学校参加社团活动时认识了学长 M，学长 M 和小 L 虽然不是同一专业，但私交很好，毕业后也一直保持着联系。小 L 会时不时地向学长 M 咨询一些职业发展的建议。

若干年后，学长 M 已经是一家独角兽公司的高管了，而小 L 还在一家集团公司的法务部门做基础工作，学长 M 向小 L 抛出了橄榄枝——任法务总监的机会。

小 L 通过和学长 M 的深入交流，对这个新机会有了全面的判断，最后决定离开目前的公司，加入学长 M 的团队。

又过了几年，这家独角兽公司成功上市，小 L 也成了高管。与同龄人相比，小 L 的职业上升速度之快，既令人惊叹，又似乎合情合理。

最后再说说猎头。客观地讲，这几年大环境不好，猎头的生存状态也并不乐观，企业的业务发展缓慢，甚至倒退了，自然会导致招聘需求锐减，人才的流动率下降了，猎头也就面临着“无米之炊”的境地。

当然，这不是我们讨论的重点。我想告诉大家的是，即便你觉得猎头目前推荐给你的岗位与你无关，也不要像对待陌生的电话销售那样，对猎头表现出一种排斥或冷淡的态度。

小 H 参加工作六年，前五年从未有跳槽的想法，当他接到猎头的电话后，对方推荐了一个与他所学专业相关但与他正在从事的工作无关的岗位，小 H 很有礼貌地与猎头做了简短交流，并加了对方的微信。挂断电话后，小 H 似乎意识到了什么，于是在微信上给猎头留言，一方面表达感谢，另一方面表示可以帮忙推荐同专业的同学。猎头对这样的反馈自然非常高兴，于是双方建立了不错的私人关系。

工作的第六年，小 H 感觉自己遇到了一些“瓶颈”，在综合评估后有了跳槽的想法，于是便给这位猎头留言：

“最近我想看看新的工作机会，同行业的可以，跨行业的也行（优先考虑 B、C 行业），只要能继续从事和目前专业相关的工作就好，您能帮我留意一下吗？”

“当然可以！你先给我一份最新的简历，我推荐给另一个团队的同事，他们对你提到的几个行业比较熟悉。”猎头回复。

其实，在小 H 的朋友圈中，还有好几位以前通过类似方式建立联系的猎头朋友，小 H 同样也给他们发去了信息。

两个月后，陆续有一些猎头给小 H 发来了推荐的岗位。

许多朋友在有了跳槽想法后第一反应是去逛招聘网站，更新简历，如果这样做，那你的顺序可能搞反了。

对于一个职位，公开招聘是企业的最常规选择，往往被考虑到的优先级是最低的。原因很简单，招聘一个来自公司外部的人，最怕的就是“知人知面不知心”。尽管招聘技术在不断完善，但仍难保证在较短时间通过有限的方式对一个人做出足够准确的判断。这时候，公司会首先考虑内部有没有可以提拔、调动的人选，如果没有，那么内部员工有没有可以推荐的熟人，或兄弟单位是否有合适的人选。如果这个职位的级别达到一定高度，则会启动猎头的渠道。

这就不难解释为什么在招聘网站投出的简历多石沉大海，因为这本就是一个优先级很低的渠道。

所以，对于我们来说，把简历做得更有质量是一方面，更重要的是把简历投在成功率更高的招聘渠道中。同业、前辈、猎头的意义就在于此。

当然，也要提醒大家一个细节，虽然大家都懂得“广撒网”的道理，但每个人维系社交的精力是有限的，同业、前辈、猎头这三类朋友虽然是越多越好，但仍要认真筛选能提供更多实质帮助的有效朋友。换位思考一下，假如和你并不相熟的朋友忽然请你帮他关注一些工作机会，你肯定也会觉得有些尴尬。

我的本意并不是让大家带着很强的功利心去交朋友，而是想表明我们的朋友圈应该是“多元”的，当你需要某类的特定帮助时，最好能从这个圈子里找到合适的人选。

第九章

法律

职场“老法师”必须懂得的武器

一、劳动合同——企业的紧箍咒，员工的保护伞

认识劳动合同

劳动合同，又称劳动契约、劳动协议，是指为了实现劳动过程，由劳动关系双方主体就彼此权利义务形成一致的、符合劳动法相关规范的共同合约。劳动合同的标的指向是劳动行为，实施劳动行为的主体是劳动者，从而使合约双方的关系具有特殊性，区别于一般的合同或契约关系，除遵循一般合同法规外，还必须遵循劳动法的一系列制度和具体规则，而且后者比前者更为基础、更为重要，使劳动合同成为一类特别性质的合同。

劳动合同就像你和雇主间的一纸“友情契约”，不过这份契约可不只是你俩点头同意那么简单，而是要遵循一套特别的规则，确保你们的“友情”既甜蜜又合法。不同于你和朋友间借书还书的小约定，劳动合同之所以特别，是因为它关乎你的劳动与你用智慧和汗水换来的报酬。在这份契约里，你不仅仅是提供服务那么简单，还得遵守公司的规章制度，成为公司大家庭的一员。这就像你加入了一个团队，不仅要完成自己的任务，还要和团队一起协作，共同进步。它受到了劳动法的特别保护。劳动法就是

这份契约的守护神，确保你在职场上的权益不被侵犯。它规定了工作时间、休息休假、工资支付、劳动安全卫生等方方面面，就好比给你的工作生活上了一层保险。比如，法律规定了你每周至少有一天的休息时间，加班得给加班费，不能随意被解雇，这都是劳动法给你的“保护伞”。

如何及时有效地签订劳动合同

对于劳动者而言，及时有效地签订劳动合同具有重要的意义，需要从概念认知和实践方法两方面对劳动合同的签订进行明确。

从概念认知来看：想象一下，小明这个刚从大学毕业的职场新人，正站在一家心仪公司的门口，手里拿着一份即将签订的劳动合同，心里既兴奋又紧张。他心里嘀咕着：“这合同到底该怎么签？签之前我该注意些什么呢？”别急，让我们结合小明的故事，来聊聊如何及时有效地签订劳动合同。

1. 要约：“你愿意吗？”

要约，是指劳动者或用人单位向与之订立劳动合同的对方发出的意思表示。要约的成立须具备以下几个条件：

一是要约必须向特定的人发出。劳动者或用人单位必须向特定的对方发出，并且采用适当的方式通知对方，如书信、口头通知等。如果向不特定的人发出，除非在要约中详细地规定了合同条款，并且要约方承担在规定的条件下与前来承诺的当事人订立合同的义务，否则就不能称之为要约。

二是要约的内容必须是确定的，包括足以使劳动合同成立的主要条款。在要约中不能有需继续谈判、尚未确定的条款，或者缺少主要条款。

三是要约在到达对方当事人后才生效。要约人在发出要约后至要约到达受要约人这段时间里，要约并不生效。要约人此时可以撤回要约，只要撤回的通知比要约早到达或同时到达受要约人即可。一旦要约到达受要约人，要约人即不得撤回要约。

回到前面假设的小明求职情景，公司先向小明抛出了橄榄枝，说："小明，来我们这里工作吧，我们提供这样的职位、薪资、工作环境。"这就是"要约"。这个要约是明确的，不能模棱两可，比如薪资不能说"大概这么多"，工作地点也不能是"随便哪里"。而且，这个要约是专门给小明的，不能是"谁来都行"的广撒网。一旦要约到了小明手里，公司就不能随便反悔了，除非小明还没看到，公司就发出了"我不说了"的撤回通知。

2. 承诺："我愿意！"

承诺是指受要约人对要约内容作出完全同意的意思表示。承诺具有如下特征：

一是承诺的内容必须与要约的内容完全一致。受要约人接到要约后要仔细考虑，确定是否接受要约。只有在受要约人对承诺中的各项条款表示同意后，才能作出承诺的意思表示。承诺在发出时合同即成立。实际订约过程中，很少有如此简单的、单一的"要约—承诺"的过程。往往是受要约人接到要约后，对要约中的某些内容表示不同意、提出修改意见后通知要约人。这种修改意见是一个新的要约，称为反要约。反要约到达原要约人后，其又要进行仔细的考虑，决定是否完全接受反要约的条款。往往如此反复多次，合同才成立。

二是与要约不同，承诺发出时即生效，合同即视为成立。法律这样规定是为了更好地保护双方当事人的合法权益。早一点儿确定合同的效力，使双方当事人的权利义务固定下来，使整个社会关系尽快地稳定。

例如，小明收到公司抛出的橄榄枝后，如果觉得条件合适，就会说：“好，我接受！”这就是“承诺”。承诺必须和要约说得一模一样，不能改来改去。当然，如果小明说：“我想加点儿工资，或者工作时间能不能调整？”这就变成了新的要约，得等公司重新考虑答不答应。用人单位发出的录用通知，只要符合要约的条件，如果劳动者在期限内同意，哪怕没有签订劳动合同，用人单位随意撤回要约也要赔偿，这就是“要约”对公司和劳动者的约束性。

从劳动实践来看：劳动合同的订立一般首先由用人单位提出合同草案，并说明各条款的具体内容，劳动者与用人单位在合同草案的基础上进行协商。劳动者可对草案提出修改和补充意见。当劳动者与用人单位意见一致以后，即在合同上签字盖章，劳动合同即成立。具体而言，小明想要在签约时“不踩坑”，需要特别注意以下几项内容。

① 查“户口”，看背景。小明得先确认这家公司是不是正规的，有没有合法的用工资格。不然，签订了合同也是白签，还可能惹上麻烦。也就是说，在签订劳动合同之前应尽量清楚用工单位是否为合法经营的单位，有无用工主体资格。否则，即使双方签订了劳动合同，也会因违反法律规定而无效。

② **细节决定成败。**合同里要写清楚工作内容、条件、地点、职业危害、安全生产状况、劳动报酬等，越详细越好，这样小明的权益才能得到保障。合同中应明确，以防止约定不明，致使自己的权益受到侵害。

③ **福利待遇，白纸黑字。**公司口头承诺的福利，比如“年底双薪”“带薪年假”，小明得坚持写进书面合同里，口头的承诺风一吹就散了。无论公司多么热情，口头承诺多么美好，最终都要落实到书面合同上，这样才能真正保护自己。这是因为合同的订立必须采取书面形式。劳动合同都有一定的期限，而且劳动关系非常复杂，涉及诸多内容，采取书面形式使权利义务明确具体，有利于合同的履行。劳动者与用工单位约定的事项都要以书面形式确定写在劳动合同中，避免因用工单位的口头承诺无法兑现而在将来发生纠纷，更能避免因缺少证据而得不到法律有效的保护。

④ **条款齐全，不留空白。**合同中不能有空白的地方，哪怕是小细节，也要问清楚，写明白，避免将来被人钻空子。对小明来说，要详尽填写合同条款，避免签订条款不全的劳动合同。特别是对用工单位事先起草的合同文本，更要仔细阅读有关的重要条款以及单位的规章制度。

⑤ **权益保护，心中有数。**小明要了解自己的基本权利，比如试用期不能超过法定期限，公司不能随意延长工作时间，必须给上社保等。《中华人民共和国劳动法》及《中华人民共和国劳动合同法》等对职工的试用期限、工作时间、社会保险等做了详细的规定，劳动者要清楚自己的基本权利，对于侵犯合法权益的合同必须坚决要求改正。

试用期：根据《中华人民共和国劳动合同法》第十九条，试用期的期限与劳动合同期限密切相关。具体规定如下：

劳动合同期限三个月以上不满一年的，试用期不得超过一个月；

劳动合同期限一年以上不满三年的，试用期不得超过二个月；

三年以上固定期限和无固定期限的劳动合同，试用期不得超过六个月。

同一用人单位与同一劳动者只能约定一次试用期。以完成一定工作任务为期限的劳动合同或者劳动合同期限不满三个月的，不得约定试用期。试用期包含在劳动合同期限内。劳动合同仅约定试用期的，试用期不成立，该期限为劳动合同期限。

工作时间：根据《中华人民共和国劳动法》第三十六条，“国家实行劳动者每日工作时间不超过八小时、平均每周工作时间不超过四十四小时的工时制度”。对于加班，根据《中华人民共和国劳动法》第四十一条，“用人单位由于生产经营需要，经与工会和劳动者协商后可以延长工作时间，一般每日不得超过一小时；因特殊原因需要延长工作时间的，在保障劳动者身体健康的条件下延长工作时间每日不得超过三小时，但是每月不得超过三十六小时”。加班应当支付加班费，具体标准按照《中华人民共和国劳动法》第四十四条的规定执行。

社会保险：根据《中华人民共和国劳动法》第七十二条，“用人单位和劳动者必须依法参加社会保险，缴纳社会保险费”。社会保险包括养老保险、医疗保险、失业保险、工伤保险和生育保险，是劳动者的基本社会保障。

⑥ **拒绝不合理要求**。如果公司要求交押金、扣押身份证、毕业证等证书，小明应勇敢说“不”，按照《中华人民共和国劳动合同法》第九条规

定，“用人单位招用劳动者，不得扣押劳动者的居民身份证和其他证件，不得要求劳动者提供担保或者以其他名义向劳动者收取财物”，这些都是违法行为，应当明确拒绝。

具体而言，该条款明确禁止了以下几种非法行为。

扣押身份证：用人单位无权扣押劳动者的居民身份证，这是对劳动者人身权利的侵犯，也是对身份证件管理规定的违反。

扣押其他证件：这里的“其他证件”包括但不限于毕业证、学位证、职业资格证书、专业技术资格证书等与劳动者工作能力、资格相关的证件。用人单位不得以任何理由扣押这些证件，以防止劳动者因证件被扣而影响其正常工作和生活，甚至被限制离职自由。

要求提供担保或收取财物：用人单位不得要求劳动者提供任何形式的担保（如房产抵押、第三方担保等），也不得以任何形式向劳动者收取财物（如押金、保证金、培训费等）。这些行为实质上增加了劳动者就业的经济负担，且可能成为用人单位滥用权力、侵犯劳动者权益的手段。

劳动者在求职或在职过程中，如遇到上述违法行为，应依据《中华人民共和国劳动合同法》第九条的规定，坚决拒绝并依法维护自身权益。如已遭遇此类侵权行为，可向劳动监察部门投诉，或通过劳动争议调解、仲裁、诉讼等途径寻求法律帮助。

⑦ **语言要通俗，避免歧义**。合同里的文字要简单直白，避免法律术语，确保双方都能理解，减少争议。

通过这些步骤，小明不仅学会了如何签订劳动合同，还懂得了如何保护自己的合法权益。签订劳动合同，就像开启职场生涯的一把钥匙，用对了方法，才能顺利地打开成功的大门。

劳动合同的关键信息有哪些？

终于找到了合适工作的职场新人小李，手里拿着一份即将签订的劳动合同，他想："这合同上到底写了啥？哪些是重点呢？"别担心，让我们结合小李的故事，来聊聊劳动合同里的那些关键信息。

劳动合同就是你和公司之间的"契约证明"，它不仅证明了你们的关系，还详细列出了双方的"责任分配"。根据《中华人民共和国劳动合同法》的规定，在这份"责任分配清单"里，有些信息是必不可少的，少了它们，这份合同可能就不完整了。

劳动合同一般包括确定合同当事人和确定合同内容两个阶段，应当以书面形式订立，根据《中华人民共和国劳动合同法》第十七条，劳动合同应当具备的关键信息大致有如下 9 条。

1."你是谁，我是谁"——基本信息大公开

首先，在合同中要写清楚双方的身份信息，一般包括用人单位的名称、地址和法定代表人或主要负责人，以及劳动者的姓名、住址和居民身份证或其他有效身份证件号码。比如，公司得说清楚："我是 ×× 公司，办公地址在 ×× 路 ×× 号，法人代表是张 ××。"小李也得介绍自己："我是李 ××，住在 ×× 小区，身份证号是 ××……"

2."我们的约定有效期"——劳动合同期限

接着，合同中得明确这段"契约关系"的有效期，是签 1 年、3 年，还是"天长地久"（无固定期限合同）。这决定了小李和公司之间的合作期限。

3. “我负责啥，我在哪儿”——工作内容与地点

小李得知道：“我来公司是干啥的？是在总部还是分部上班？”这些都得写清楚，免得以后出现“我以为是做这个，结果让我做那个”的尴尬。

4. “几点上下班，休息咋安排”——工作时间和休息休假

工作不是生活的全部，休息也很重要。合同中会说明每天工作几小时，周末怎么休，法定假日怎么放，确保小李有足够的时间充电和享受生活。

5. “我的工资是多少”——劳动报酬

钱，总是最关心的。合同中会明确小李的工资是多少，是按月发还是按项目发，有没有奖金、提成，这样小李心里有数，也能提前规划自己的小金库。

6. “五险一金不能少”——社会保险

五险一金就像职场的“保护伞”，合同中会写明公司为小李缴纳哪些保险，公积金比例是多少，让小李工作起来更安心。

7. “安全第一，健康至上”——劳动保护与职业危害防护

公司得保证小李工作环境安全，根据其所在行业的特点和岗位需求，提供相应的劳动保护措施，以下列举一些行业或岗位中常见的防护用品，以供参考。

建筑行业：建筑工人在施工现场通常需要佩戴安全帽，以防头部受到坠落物、碰撞等伤害；同时，可能需要配备防尘口罩，以减少吸入粉尘、

颗粒物等对呼吸系统的危害。

化工、制药行业：化工厂、制药厂的工作人员在接触有害化学物质或生物制品时，可能需要佩戴防毒面具、防护服、防护眼镜等，以防止化学物质溅入眼睛、伤害皮肤或肺部吸入有毒有害气体。

矿山、冶金行业：矿工、冶炼工人在作业过程中，可能面临粉尘、噪声、高温、辐射等职业危害，需要配备防尘口罩、耳塞、隔热服、防辐射服等防护装备。

医疗行业：医护人员在接触患者、处理医疗废弃物或进行手术操作时，需要佩戴医用口罩、防护服、防护眼镜、医用手套等，以防止感染性疾病传播及化学、生物危害。

机械制造、维修行业：机械操作员、维修工人在使用切割、打磨、焊接等工具或设备时，可能需要佩戴防护眼镜、防护面罩、防切割手套等，以防止飞溅物、火花、电弧等对眼睛、面部及手部的伤害。

劳动保护措施应根据具体行业和岗位的特性来确定，确保员工在工作中得到充分的保护。公司不仅应提供必要的防护用品，还应定期进行安全培训，告知小李工作中可能遇到的职业危害，如粉尘、噪声、化学物质、生物危害、辐射、机械伤害等，并教授其正确使用防护设备的方法以及应对突发安全事故的应急措施，确保小李在了解并掌握自我保护知识的基础上，能够在安全的环境中工作。

小李在入职或转岗时，应详细了解自己所处岗位的职业危害及相应的防护措施，如有疑问或发现防护措施不到位，应及时向公司提出，以保障自身的职业健康与安全。

8.“额外约定，你情我愿”——试用期、培训等

除了基本条款，合同中还可能包括试用期多久、公司是否提供培训以及保密协议、补充保险等。比如，小李的试用期是 3 个月，公司会提供专业培训，但要求他保守商业秘密。

9.“互相了解，坦诚相待”——告知内容与告知义务

公司有义务告诉小李工作内容、环境安全等信息，小李也得如实告诉公司自己的教育背景、工作经验等，双方坦诚相见，才能合作愉快。

通过这些关键信息，小李对劳动合同有了更清晰的认识。签订合同前，记得逐条核对，确保自己的权益得到保障。

劳动合同、劳务合同、劳务派遣合同的区别

小王、小李和小张，各自在职场上遇到了不同的合同，分别是劳动合同、劳务合同和劳务派遣合同。他们三人的故事，正好能帮我们轻松理解这三种合同的区别。劳务合同、劳务派遣合同涉及的内容和前文所述的劳动合同有相似之处，因此在实践中常常会引起误会和混淆，接下来以劳动合同为标的，介绍劳务合同、劳务派遣合同的区别。

1. 小王的劳动合同：职场“铁饭碗”

小王毕业后，顺利进入一家大公司，签订了一份劳动合同。这份合同就像他的职场“铁饭碗”，不仅明确了他是公司的一员，还享受着公司

的一系列福利和保障。比如，公司要为小王缴纳五险一金，工资不能低于当地最低标准，还有年假、病假等福利。小王每天按时上下班，遵守公司的规章制度，接受公司的管理，这种从属关系让他感觉自己是公司大家庭的一部分。如果发生纠纷，小王得先去劳动仲裁委员会仲裁，不行再上法院。

2. 小李的劳务合同：自由职业者的“灵活选择”

小李则是个自由职业者，他接了一个项目，和对方签订了一份劳务合同。这份合同更像是一次性的交易，小李只需要按照合同约定完成工作，项目结束后，双方的合同关系也就结束了。小李的报酬是根据市场行情和双方协商确定的，没有固定的工资，也不享受公司员工的福利。他和对方之间没有上下级关系，工作时间、地点都相对自由。如果双方有矛盾，可以直接协商解决，或者直接上法院起诉。

3. 小张的劳务派遣合同：职场“借调生”

小张的情况比较特殊，他通过劳务派遣公司被派到一家公司工作，签订的是劳务派遣合同。这份合同规定了他至少要在那家公司工作两年。小张虽然在那家公司上班，但实际上是劳务派遣公司的员工，工资、社保等由劳务派遣公司负责。如果小张在工作中出了问题，比如不适应岗位或者公司业务调整，那家公司可以把他“退回”给劳务派遣公司，由劳务派遣公司来处理，而不是直接辞退他。而且，派遣公司不能随便用经济性裁员或者岗位变化的理由来解除小张的合同。这种合同形式，让小张在享受一定稳定性的基础上，也感受到了一定的不安全感。

4. 总结一下，三者的区别

	劳动合同	劳务合同	劳务派遣合同
主体和关系	一方是公司，一方是员工，有上下级关系	双方可以是任意主体，地位平等	员工与派遣公司是劳动关系，与实际工作单位是使用关系
报酬与福利	报酬相对固定，福利齐全，按劳分配，持续、定期的工资支付	按市场定价，灵活但福利少，按等价有偿的市场原则支付，一次性支付	报酬由派遣公司支付，享受基本福利
用人单位的义务不同	国家干预，强制性义务如缴纳社会保险，工资不得低于当地最低工资标准	雇主一般没有强制性义务，双方可约定	国家干预，强制性义务如缴纳社会保险，工资不得低于当地最低工资标准
法律适用与纠纷处理	受劳动法保护，纠纷先仲裁后诉讼	主要由民法调整，可以直接诉讼	受劳动法保护，解除合同条件更严格
期限与解除	固定期限和无固定期限两种，固定期限长短由用人单位和劳动者自由约定	按项目，灵活解除	期限为两年以上固定期限，用工单位可将劳动者退回派遣单位，由派遣单位依法解除合同

通过小王、小李和小张的故事，我们不难发现，虽然这三种合同都与工作相关，但它们在法律性质、双方关系、福利待遇等方面有着本质的区别。选择哪种合同，直接影响着个人在职场中的权益和自由度。

入职后雇主一直不与我签订劳动合同，怎么办？

小张是一名刚加入某科技公司的新员工，满心欢喜地开始了他的职场生涯。然而，转眼 3 个月过去了，公司迟迟没有与他签订劳动合同。小张心里犯起了嘀咕：“这正常吗？我该怎么办？”

1. 法律撑腰，权益不容忽视

首先，小张得知道《中华人民共和国劳动法》是他的坚强后盾。法律规定，建立劳动关系，得订立书面劳动合同。如果公司从用工之日起超过一个月还没与小张订立书面劳动合同，那可就违法了。而且这违法还有代价，公司得从第二个月起，每月给小张发双倍工资，直到合同签订为止。如果超过一年还没签订，那小张和公司之间就自动升级为“无固定期限劳动合同”，公司还得继续支付给他双倍工资。

没有劳动合同，小张的权益就得不到保障。比如，没有合同证明，小张很难证明自己是公司的员工，一旦发生纠纷，维权之路会很艰难。而且，没有合同约定工作期限、工资待遇等，公司随时可能“解除契约”，小张将束手无策。

从法律规范的角度而言，对于劳动者，需要从法律角度充分意识到应当签订而未签订劳动合同的不合理性。根据《中华人民共和国劳动法》第十六条：“劳动合同是劳动者与用人单位确立劳动关系、明确双方权利和义务的协议。建立劳动关系应当订立劳动合同。”第十七条：“订立和变更劳动合同，应当遵循平等自愿、协商一致的原则，不得违反法律、行政法规的规定。劳动合同依法订立即具有法律约束力，当事人必须履行劳动合同规定的义务。”第十九条：“劳动合同应当以书面形式订立，并具备以下条款：（一）劳动合同期限；（二）工作内容；（三）劳动保护和劳动条件；（四）劳动报酬；（五）劳动纪律；（六）劳动合同终止的条件；（七）违反劳动合同的责任。劳动合同除前款规定的必备条款外，当事人可以协商约定其他内容。”第二十条：“劳动合同的期限分为有固定期限、无固定期限和以完成一定的工作为期限。劳动者在同一用人单位连续工作满十年以上，当事人双方同意续延劳动合同的，如果劳动者提出订立无固定期限的劳动合同，应当订立无固定期限的劳动合同。”

从法律角度分析，不签订劳动合同对劳动者主要有三点不利。

一是劳动合同是劳动关系的主要证明，若不签订劳动合同，劳动者难以证明劳动关系，没有保障。

二是没有劳动合同约定期限，在未超过一年、未形成无固定期限劳动关系前，单位可能随时单方面解聘，导致失业和经济损失。

三是没有劳动合同对岗位、工资、工作时间、待遇等劳动关系的主要权利义务进行约定，双方会很容易就此发生纠纷。而不签订劳动合同，劳动者可以获得的补偿包括不签订劳动合同的一年内可以要求单位支付双倍工资；不签订劳动合同超过一年的，视为劳动者与用人单位之间有无固定期限的劳动关系。

2. 实战攻略：如何证明我“工作了”

就实践处理方式而言。作为劳动者，遇到单位不签订劳动合同时应当首先提出要求，要求单位签订劳动合同。若单位不签订的，可以要求单位支付双倍工资。在这时，比较重要的问题是如何在此情况下确定劳动者和雇主之间确实存在劳动关系。为解决此问题，可以参照相关规定[①]的表述，劳动者可以自行对照该规定的内容确认劳动关系：

用人单位招用劳动者未订立书面劳动合同，但同时具备下列情

① 详见《关于确立劳动关系有关事项的通知（劳社部发〔2005〕12号）》相关规定。

形的，劳动关系成立：

（一）用人单位和劳动者符合法律、法规规定的主体资格；

（二）用人单位依法制定的各项劳动规章制度适用于劳动者，劳动者受用人单位的劳动管理，从事用人单位安排的有报酬的劳动；

（三）劳动者提供的劳动是用人单位业务的组成部分。

只要符合以上三个条件即为劳动关系。

从实践处理方案来看。面对这种情况，小张得主动出击。首先，他可以正式向公司提出签订劳动合同的要求，如果公司拒绝，那就要开始收集“证据”，证明自己和公司之间的“契约关系”。这些证据可能包括以下几项。

单位出具的证明：比如，小张之前为了办理信用卡，公司出具的在职证明，或者公司帮忙办理户口、档案时的证明材料，这些都是“我们在一起”的证据。

工资证据：每个月的工资条、银行转账记录，甚至是微信、支付宝的工资转账截图，都能证明公司每个月在给小张“发工资”。

工作痕迹：小张参与的项目文件、会议记录上的签名，甚至是工作群里的聊天记录，都能证明他确实在为公司工作。

现场照片：工作环境的照片、参与公司活动的照片，这些都能展示小张的工作状态。

旁证：同事的证言、工作时的录音（注意合法取得），甚至劳动监察部门的投诉记录，都是有力的辅助证据。

在完成证据收集，证明确有劳动关系后，如果公司还是不认账，小张就可以去劳动仲裁委员会申请仲裁，相当于请法律做“判官”，正式确认他和公司之间的关系，并要求公司支付这几个月的双倍工资。劳动仲裁是解决劳动争议的第一步，如果仲裁结果不满意，小张还可以进一步向法院提起诉讼。

总之，面对公司不签订劳动合同的情况，小张要勇敢地站出来，用法律武器保护自己，就像在雨中找到那把保护伞一样，让自己的职场之路更加顺畅。

二、向职场霸权宣战

人人喊打的职场性骚扰

职场性骚扰是指在工作场所或与工作相关的环境中，一方（通常为具有权力优势的上级、同事或客户）对另一方（通常为下属、同事或服务对象）实施的基于性别、性取向或性别特征的不受欢迎的、带有性暗示或性性质的行为，这些行为对受害人的工作环境、职业发展或身心健康造成负面影响，且受害人明确或默示地表示反对或不接受。

性骚扰行为的核心特征包括以下四种。

① 基于性因素：行为的动机、内容或目的与受害人的性别、性取向或性别特征直接相关。

② 不受欢迎：行为对受害人而言是不希望的、反感的或造成困扰的。

③ 权力失衡：骚扰者往往利用职务、地位和关系等优势，使受害人难以反抗或逃避。

④ 负面影响：行为对受害人的工作、情绪、健康或职业发展产生实际或潜在的损害。

别拿无礼当浪漫——那些令人生厌的职场性骚扰行为

说说而已？警惕交流红线。

言语性骚扰是指通过口头或书面语言传达具有性暗示、性挑逗、性别歧视或性侮辱性质的内容，使受害人感到不适或受到侵犯。

案例一：

在某大型科技公司，新入职的软件工程师小红经常遭受其直属上司老李的言语性骚扰。老李在日常工作中频繁对小红发表如下言论：

“小红，你穿这条裙子真性感，我们男同事都忍不住多看几眼。”

“你这么聪明又漂亮，要是能做我女朋友就好了，我保证你升职加薪。”

“女人就应该安分守己，别总想着和男同事争项目，小心嫁不出去。”

在“案例一”中，软件工程师小红遭受直属上司老李的言语性骚扰，表现为老李在工作中频繁发表含有性暗示、性别歧视和性压力的言论，如评价小红的穿着、提出与工作无关的私人关系要求，以及发表贬低女性职业能力的言论。这些言论明显违背了小红的意愿，造成了她在工作环境中的极度不适，影响了其工作表现和心理健康。尽管小红多次明确表示反感并要求老李停止，但老李并未停止其不当行为。根据《中华人民共和国妇女权益保障法》等相关法律法规，老李的行为构成了职场言语性骚扰。

另外，男性同样也有可能成为性骚扰的受害者。例如，男员工小明在某公司遭受女同事小丽的言语性骚扰，小丽经常对小明发表含有性暗示、性别歧视和性压力的言论，如评价小明的身材，提出与工作无关的私人关系要求，以及发表贬低男性职业能力的言论。根据相关法律法规，小丽的行为同样构成职场言语性骚扰。男性在遭遇性骚扰时，同样有权向所在单位和有关国家机关投诉，寻求法律援助，保护自身权益。

法律依据

根据《中华人民共和国妇女权益保障法》第二十三条：“禁止违背妇女意愿，以言语、文字、图像、肢体行为等方式对其实施性骚扰。

受害妇女可以向有关单位和国家机关投诉。接到投诉的有关单位和国家机关应当及时处理，并书面告知处理结果。

受害妇女可以向公安机关报案，也可以向人民法院提起民事诉讼，依法请求行为人承担民事责任。”

同时，根据该法第八十条：“违反本法规定，对妇女实施性骚扰的，由公安机关给予批评教育或者出具告诫书，并由所在单位依法给予处分。

学校、用人单位违反本法规定，未采取必要措施预防和制止性骚扰，造成妇女权益受到侵害或者社会影响恶劣的，由上级机关或者主管部门责令改正；拒不改正或者情节严重的，依法对直接负责的主管人员和其他直接责任人员给予处分。”

构建接触边界，远离非言语性骚扰

非言语性骚扰是指通过非语言行为传递性暗示或性压力，如肢体接触、眼神、姿态、展示色情物品等。

案例二：

在某零售连锁店，店长老张经常对女店员小芳进行非言语性骚扰。老张的行为包括：

在小芳整理货架时，故意贴近她，使身体接触超出正常工作需要的距离；

不断以“欣赏”的目光长时间凝视小芳，使她感到被侵犯；

在办公室摆放色情杂志，并在小芳面前翻阅，使其尴尬和不适。

尽管小芳多次表达不满，但老张以“开玩笑”或“无心之失”为由敷衍应对。这些非言语行为持续对小芳的工作环境造成压力，严重影响了她的工作情绪和职业尊严。根据《中华人民共和国妇女权益保障法》等相关法律法规，老张的行为已构成职场非言语性骚扰。

法律依据

《中华人民共和国妇女权益保障法》第二十三条，见上文。

性要求与交换条件，尊严不容询价

性要求与交换条件是指骚扰者以提供工作机会、升职、加薪、保留职位等为条件，要求对方满足其性要求，或以拒绝这些条件相威胁。

案例三：

在某广告公司，设计师小梅在争取一个重要项目时，部门经理老赵暗示她，如果愿意与他发生性关系，就能确保她获得该项目的设计资格。老赵明确表示，如果小梅拒绝，他将把项目交给其他设计师。小梅对此感到极度震惊和愤怒，但考虑到职业发展和经济压力，她陷入了两难境地。

老赵的行为明显违反了《中华人民共和国妇女权益保障法》等相关法律法规，构成职场性骚扰。

法律依据

《中华人民共和国妇女权益保障法》第二十三条，见上文。

性暴力

性暴力是指在职场环境中，对他人实施猥亵、强奸、性虐待等严重侵犯性自主权的犯罪行为。由于性暴力的严重性，此处仅作概念阐述，不提供具体案例。性暴力不仅构成性骚扰，更是触犯刑法的犯罪行为，应立即报警，由司法机关依法严惩。

总的来说，职场性骚扰形式多样，包括言语性骚扰、非言语性骚扰、性要求与交换条件以及性暴力。无论何种形式，性骚扰都严重侵犯了受害人的权益，破坏了职场公平与和谐。面对性骚扰，受害人应勇敢发声，寻求法律援助。同时，企业和社会应建立健全防范机制，严肃处理性骚扰行为，共同营造尊重、平等、无骚扰的工作环境。

三、令人生厌的职场霸凌

职场霸凌是什么？

职场霸凌是指在工作场所中，一方（通常为具有权力优势的上级、同事或客户）对另一方（通常为下属、同事或服务对象）持续、反复地实施恶意、不公正、侮辱性或恐吓性的行为，旨在贬低、控制、伤害或排斥对方，导致对方在职业、心理、生理或社交层面遭受显著的负面影响。职场霸凌不同于偶尔的冲突或严厉的管理，其核心特征在于行为的持续性、恶意性以及对受害人的严重伤害。

认识职场“小霸王”

职场霸凌通常表现为以下四种类型。

1. 心理霸凌

心理霸凌是指通过言语、态度或行为对受害人进行心理攻击，造成其精神压力、自尊心受损、情绪困扰或心理创伤。

案例一：

在某会计师事务所，审计员小王长期遭受其直属上司老刘的心理霸凌。老刘的行为包括：

言语攻击：频繁对小王的工作能力、专业素养进行贬低，公开指责其“愚蠢”“无能”，甚至在团队会议中羞辱他。

情绪操控：时而对小王过度严厉，时而表现出关心与友好，使小王在恐惧与期待之间摇摆，产生强烈的心理压力。

工作压力：故意分配超出小王能力范围或期限过紧的任务，然后以未完成任务为由对其进行批评，使小王长期处于焦虑状态。

小王因此出现失眠、抑郁等心理问题，严重影响了工作和生活质量。老刘的行为明显违反了《中华人民共和国劳动法》《中华人民共和国劳动合同法》等相关法律法规，构成了职场心理霸凌。

法律依据

根据《中华人民共和国劳动法》第五十二条规定：“用人单位必须建立、健全劳动安全卫生制度，严格执行国家劳动安全卫生规程和标准，对劳动者进行劳动安全卫生教育，防止劳动过程中的事故，减少职业危害。”同时，根据《中华人民共和国劳动合同法》第三十八条：“用人单位有下列情形之一的，劳动者可以解除劳动合同：

（一）未按照劳动合同约定提供劳动保护或者劳动条件的；

（二）未及时足额支付劳动报酬的；

（三）未依法为劳动者缴纳社会保险费的；

（四）用人单位的规章制度违反法律、法规的规定，损害劳动者权益的；

（五）因本法第二十六条第一款规定的情形致使劳动合同无效的；

（六）法律、行政法规规定劳动者可以解除劳动合同的其他情形。

用人单位以暴力、威胁或者非法限制人身自由的手段强迫劳动者劳动的，或者用人单位违章指挥、强令冒险作业危及劳动者人身安全的，劳动者可以立即解除劳动合同，不需事先告知用人单位。”

2. 身体霸凌

身体霸凌是指通过肢体动作直接或间接地对受害人进行攻击、威胁或伤害。在职场环境中，身体霸凌相对少见，但并非不存在，类似于体罚等行为屡见不鲜。

案例二：

在某建筑工地，工头老张对新入职的农民工小李进行身体霸凌。老

张的行为包括：

直接攻击：在小李工作失误时，老张会拳打脚踢“教训”他；

工具威胁：在争执中老张会手持工具（如铁锤、扳手）逼近小李，使其感到生命安全受到威胁；

过度劳动：在明知小李身体不适的情况下，仍强迫其超负荷工作，导致其身体严重透支。

小李因害怕报复，不敢反抗或寻求帮助，身体和精神健康严重受损。（此案例假设了职场中的身体霸凌行为）

尽管身体霸凌在职场中相对罕见，但因其严重违法，受害人应立即报警，寻求法律保护。

法律依据

根据《中华人民共和国刑法》第二百三十四条规定：“［故意伤害罪］故意伤害他人身体的，处三年以下有期徒刑、拘役或者管制；犯前款罪，致人重伤的，处三年以上十年以下有期徒刑；致人死亡或者以特别残忍手段致人重伤造成严重残疾的，处十年以上有期徒刑、无期徒刑或者死刑。本法另有规定的，依照规定。”

同时，根据《中华人民共和国治安管理处罚法》第四十三条：“殴打他人的，或者故意伤害他人身体的，处五日以上十日以下拘留，并处二百元以上五百元以下罚款；情节较轻的，处五日以下拘留或者五百元以下罚款。有下列情形之一的，处十日以上十五日以下拘留，并处五百元以上一千元以下罚款：（一）结伙殴打、伤害他人的；（二）殴打、伤害残疾人、孕妇、不满十四周岁的人或者六十周岁以上的人的；（三）多次殴打、伤害他人或者一次殴打、伤害多人的。”

3. 社交霸凌

社交霸凌是指通过孤立、排斥、散布谣言、恶意中伤等方式，破坏受害人在职场社交关系中的地位和声誉。

案例三：

在某广告公司，设计师小梅被同事小张和小李进行社交霸凌。他们的行为包括：

孤立排斥：在团队活动中故意冷落小梅，不邀请她参与重要讨论，使她在团队中感到被边缘化；

散布谣言：在背后散播关于小梅的不实信息，如“她靠关系进公司”“她偷窃创意”，损害其职业形象；

恶意中伤：在公开场合或社交媒体上发表贬低小梅专业能力、人格品质的言论，引发他人对小梅的负面评价。

小梅因此在公司内声誉受损，人际关系紧张，严重影响了工作和职业发展。小张和小李的行为构成社交霸凌。

小张和小李的行为明显违反了《中华人民共和国劳动法》《中华人民

共和国劳动合同法》等相关法律法规，构成职场社交霸凌。

4. 网络霸凌

网络霸凌是指通过电子邮件、社交媒体、工作平台等网络工具，对受害人进行侮辱、恐吓、威胁或恶意攻击。随着数字化办公的普及，网络霸凌在职场中日益凸显。

案例四：

在某远程办公的软件开发团队中，程序员小赵遭受同事老陈的网络霸凌。老陈的行为包括：

侮辱性信息：在工作群聊中发送含有侮辱性词汇的信息，针对小赵的编程能力进行人身攻击；

匿名威胁：通过匿名账号发送恐吓邮件，警告小赵如果不按照其要求修改代码，将向公司举报其“偷懒”“抄袭”；

泄露隐私：未经小赵同意，将小赵的私人照片和家庭信息发布在内部论坛，引发其他同事围观和议论。

小赵在网络霸凌的影响下，精神压力巨大，工作效率和生活质量显著下降。

老陈的行为明显违反了《中华人民共和国网络安全法》《中华人民共和国侵权责任法》等相关法律法规，构成职场网络霸凌。

法律依据

根据《中华人民共和国网络安全法》第四十四条：“任何个人和组织不得窃取或者以其他非法方式获取个人信息，不得非法出售或者非法向他人提供个人信息。”

同时，根据《中华人民共和国侵权责任法》第二条：

“侵害民事权益，应当依照本法承担侵权责任。本法所称民事权益，包括生命权、健康权、姓名权、名誉权、荣誉权、肖像权、隐私权、婚姻自主权、监护权、所有权、用益物权、担保物权、著作权、专利权、商标专用权、发现权、股权、继承权等人身、财产权益。”

四、面对霸权，寸土必争

忍让职场霸权，犹抱薪救火，薪不尽，火不灭。反职场霸权如六国抗秦，只能进不能退，如苏洵《六国论》所言：“今日割五城，明日割十城，然后得一夕安寝。起视四境，而秦兵又至矣。”你今天忍了，明天让了，只会让施暴者变本加厉。面对职场性骚扰与霸凌，受害者应采取积极、理智的应对策略，保护自身权益，维护身心健康。面对职场性骚扰与霸凌，我们应该像下面说的这么做。

1. 明确界限

在职场中，每个人都应该明确自己的界限。这意味着要清楚地了解自己的舒适区和不舒适区，并在遇到不适当的行为时勇敢地表达自己的感受。告诉对方这种行为是不可接受的，并要求他们立即停止。这种直接的沟通有时可以阻止对方进一步的不当行为。

2. 记录证据

保留与性骚扰或霸凌行为相关的所有证据至关重要。这包括但不限于电子邮件、短信、社交媒体信息、录音、照片以及任何其他形式的通信记录。此外，详细记录事件的时间、地点、涉及人员和具体情况。这些记录应该尽可能详细和客观，以便在需要时提供给有关部门或法律顾问。

3. 寻求支持的多种途径

在面对职场性骚扰或霸凌时，寻求支持是非常重要的。与信任的同事、朋友或家人分享你的经历，他们可以提供情感支持和实际建议。此外，法律顾问或心理咨询师也能提供专业的帮助和指导。在一些情况下，可能还需要寻求医疗帮助，特别是当性骚扰或霸凌行为导致身体伤害或严重的心理压力时。

4. 了解公司的相应政策

熟悉你所在公司的反性骚扰和反霸凌政策。了解公司内部的投诉程序、责任部门以及可能的解决途径。这些信息通常可以在员工手册或公司内部网站上找到。此外，了解相关的法律法规，包括但不限于劳动法、性别平等法和反歧视法。这些法律为职场中的个人提供了额外的保护。

5. 正式投诉

如果不当行为持续存在，或者对方没有对你的要求做出回应，那么应该按照公司政策提出正式投诉。向人力资源部门或上级管理层报告情况，并提供你收集的证据。在提出投诉时，要确保自己的安全和隐私得到保护。如果允许，可以要求匿名投诉或保密处理。

6. 法律途径

如果公司未能采取有效行动，或者你遭受了严重的性骚扰或霸凌，可以考虑寻求法律帮助。咨询律师，了解你的权利和可能的法律行动，包括但不限于提起民事诉讼或向相关政府部门投诉。在这个过程中，保持与律师的密切沟通，并遵循他们的建议。

7. 保护隐私的策略

在处理这些问题时，注意保护自己的隐私和个人信息。必要时，可以要求公司保密处理你的投诉，以避免可能的报复或其他不利后果。此外，避免在社交媒体上公开讨论这些问题，因为这可能会影响你的案件走向。

8. 自我照顾

面对职场性骚扰或霸凌，个人的心理健康可能会受到严重影响。保持身心健康，必要时寻求专业的心理咨询。参加支持团体，与其他经历过类似情况的人交流，有助于你获得情感上的慰藉和实用的建议。此外，保持健康的生活方式，如规律的饮食、充足的睡眠和适量的运动，都有助于缓解压力。

第十章

工伤与职业病

愿你了解，但愿你永远不要经历！

一、 工伤的“救”与“赔”

何为工伤与职业病？

想象一下，你正在办公室专心工作，突然电脑桌上的水杯滑落，热水溅到腿上造成烫伤，这就是典型的“工伤”场景。简单来说，工伤就是在工作时间和工作场所内，出于工作原因直接或间接导致的意外伤害和职业病，或者在上下班途中发生与工作相关的交通事故等。

再来说说“职业病”。设想你是一名长期在化工厂工作的人员，每天与各类化学物质打交道。几年后，你开始出现呼吸困难、皮肤过敏等症状，经医生诊断为“职业性化学中毒”。这就是职业病，即劳动者在职业活动中，因接触职业病危害因素（如粉尘、有毒有害物质、放射性物质等）而引起的特定疾病。

为何要了解救济途径？

了解工伤与职业病的救济途径，就像给自己的工作生活装上了一道“安全阀”。试想一下，如果你不幸遭遇上述情况，却对如何寻求帮助一无所知，那就会像在森林中迷路的人，既找不到出路，也无法及时得到救援。而提前了解这些权益保护方式，就如同手中握有地图和求生指南，即使遭遇困境，也能迅速找到“救援站”，及时获得医疗救治、经济补偿等必要援助。

此外，了解救济途径还能帮助你更好地预防工伤与职业病的发生。知道法律对工作环境、劳动保护设备、定期体检等有何规定，就能督促用人单位履行责任，同时提醒自己养成良好的工作习惯，做好个人防护。

所以，了解工伤与职业病的救济途径，不仅是为了应对万一发生的不幸，更是为了在日常工作中主动维护自身健康与权益。愿你了解，但愿你永远不要亲身经历！接下来，我们将详细探讨工伤与职业病的“救”与“赔”，以及如何预防这些“职场隐形杀手”。

工伤保险制度简介

工伤保险，就像一件看不见的防护服，默默地守护着每一位劳动者。它是我国社会保障体系的重要组成部分，专门针对工作中的意外伤害和职业病提供的保障。简单来说，劳动者参加工伤保险后，一旦发生工伤，就可以按规定享受医疗救治、康复服务、伤残补助、工亡抚恤等各项待遇，大部分费用由工伤保险基金支付，大大减轻了个人和家庭的经济负担。

如何参保与享受待遇：小王的故事

让我们以小王为例，看看他是如何通过单位参保并享受工伤保险待遇的。小王在一家制造企业工作，入职时，单位按规定为他参加了工伤保险。某天，小王在操作机器时不幸被飞溅的铁屑击伤眼睛。他立即被送往医院治疗，并由单位向社保部门报告了工伤情况。

接下来，小王只需安心接受治疗，医疗费用由工伤保险基金直接与医院结算。治疗结束后，经劳动能力鉴定，小王被认定为工伤十级伤残。根据规定，他除了已报销的医疗费，还能一次性领取到相当于本人 7 个月工资的伤残补助金，以及由单位按月发放的伤残津贴，直至他恢复工作或达到法定退休年龄。

案例解析：工地工人小李的“摔伤记”

再来看看工地工人小李的案例。小李在一次高空作业时不慎摔落，导致腿部骨折。事故发生后，小李被迅速送往医院，所有医疗费用均由工伤保险基金承担。经过治疗和康复，小李被鉴定为工伤九级伤残。

根据工伤保险待遇规定，小李不仅报销了全部医疗费用，还获得了一次性伤残补助金（相当于本人 9 个月的工资），以及在停工留薪期内（治疗及休养期间）的原工资福利待遇。此外，如果小李因伤残影响工作，还可以申请调整工作岗位或享受伤残津贴等后续保障。

通过小王和小李的故事我们可以看到，工伤保险就像一件隐形的防护服，为劳动者在遭遇意外伤害时提供及时、有效的经济保障。因此，无论是用人单位还是劳动者，都应充分了解并积极参加工伤保险，为工作安全增添一份有力的保障。

二、 工伤赔偿：法定权益的兑现，让“伤害”有价可循

1. 工伤赔偿的法律依据

《工伤保险条例》等法律法规就像工伤赔偿的“操作手册”，明确规定了劳动者在遭遇工伤后应享有的各项权益。根据这些规定，劳动者除了可以享受工伤保险待遇，如果用人单位未参保、未足额缴费、故意拖延支付待遇等原因而导致权益受损，还可以依法向用人单位索赔，获得额外的工伤赔偿。

2. 赔偿项目与计算：小张的工伤账单

常见的工伤赔偿项目包括医疗费用、误工费、伤残赔偿金、护理费、交通费、住宿费、后续治疗费、精神损害抚慰金等。下面，我们通过小张的工伤案例，来看看这些赔偿项目的计算方法。

小张在一家私营企业工作，一次操作机器时不幸失去左手。经鉴定，小张构成工伤五级伤残。由于单位未对小张进行工伤保险，他无法享受工伤保险待遇，于是决定向单位索赔。

医疗费：小张住院治疗花费 10 万元，全部由单位承担。

误工费：小张治疗及康复期间共 6 个月，按照其受伤前月平均工资 5000 元计算，误工费为 5000 元 / 月 ×6 个月 =3 万元。

伤残赔偿金：根据法律规定，五级伤残的赔偿金为本人 20 个月的工资，即 5000 元 / 月 ×20 个月 =10 万元。

护理费：小张住院期间由家人护理，法院酌定护理费为每天 100 元，共 30 天，护理费为 100 元 / 天 ×30 天 =3000 元。

交通费、住宿费：小张因异地就医产生交通费 1000 元、住宿费 2000 元，均有发票为证，单位应予赔偿。

后续治疗费：医生预计小张需进行假肢安装及定期维护，预计费用为 5 万元，法院予以支持。

精神损害抚慰金：考虑到小张伤情严重，法院酌定精神损害抚慰金为 2 万元。

综上，小张可获得工伤赔偿共计 31.6 万元。

三、如何申请工伤赔偿：步步为“赢”

申请工伤赔偿通常包括以下几个步骤。

申请工伤认定：发生工伤后，劳动者或其近亲属、工会组织应在规定时间内向社保部门提出工伤认定申请，提交相关证据材料。

劳动能力鉴定：工伤认定后，劳动者需进行劳动能力鉴定，确定伤残等级。鉴定结果直接影响赔偿金额。

与单位协商赔偿：持工伤认定书和劳动能力鉴定结论，与单位协商赔偿事宜。如达成一致，签订赔偿协议并履行。

提起仲裁或诉讼：如协商不成，劳动者可向劳动争议仲裁委员会申请仲裁，对仲裁裁决不服的，可向人民法院提起诉讼。

以上就是工伤赔偿的法律依据、赔偿项目计算及申请流程。记住，遭遇工伤后，劳动者应积极主张权益，依法获得应有的赔偿，让“伤害”有价可循。

四、职业病的特殊“呵护”

职业病认定：揭开“隐形杀手”的面纱

职业病的认定流程

职业病就像工作中的“隐形杀手”，悄无声息地侵蚀着劳动者的健康。要揭开它的面纱，首先需要通过职业病诊断与鉴定程序，明确疾病与职业活动的关联性。以下是职业病认定的基本流程。

发现症状： 劳动者在工作中出现咳嗽、胸闷、皮肤过敏等疑似职业病症状，应及时就医。

初步诊断： 到有职业病诊断资质的医疗机构进行检查，医生根据症状、体检结果和职业史初步判断是否为职业病。

申请诊断： 如医生初步判断为职业病，劳动者需向单位报告，并由单位或劳动者本人向职业病诊断机构提出职业病诊断申请，提交工作场所职业病危害因素检测报告、劳动者职业健康监护档案等证据材料。

职业病诊断： 诊断机构组织专家进行集体诊断，出具职业病诊断证明书。如对诊断结果有异议，可在规定时间内申请鉴定。

职业病鉴定：向省级职业病鉴定委员会申请鉴定，委员会组织专家进行再次鉴定，并出具鉴定结论。鉴定结论为最终结论。

案例分享：矿工老刘的尘肺病认定之路

让我们通过矿工老刘的故事，看看职业病认定的具体过程。

老刘在煤矿工作了 20 年，长期接触粉尘。近几年，他开始出现咳嗽、气短等症状，经医院初步诊断怀疑为尘肺病。老刘立即向单位报告，并由单位协助他向职业病诊断机构申请职业病诊断。

在申请过程中，老刘提供了单位出具的工作场所粉尘检测报告、自己的职业健康监护档案（包括历年体检记录、粉尘接触史等），以及近期的肺功能检查、胸部 X 线片等医学检查资料。诊断机构组织专家对这些证据进行审查，并对老刘进行详细询问和体检。

经过集体诊断，专家们一致认为老刘的尘肺病与长期接触煤矿粉尘有直接因果关系，并出具了职业病诊断证明书，诊断为“煤炭工尘肺Ⅱ期”。老刘据此向单位申请了职业病待遇，并得到了相应的医疗救治和经济补偿。

老刘的故事告诉我们，职业病认定并非难事，关键在于劳动者要关注自身健康，及时发现并报告症状，同时保留好工作环境、健康损害等相关证据。只有揭开“隐形杀手”的面纱，才能依法获得特殊“呵护”，保障自己的健康权益。

职业病救济：政策与法律的双重保障

职业病待遇与赔偿：权益清单

根据《中华人民共和国职业病防治法》等法律法规，职业病患者可享受以下待遇与赔偿。

医疗救治：职业病患者享有职业病诊断、治疗、康复等基本医疗服务，费用由工伤保险基金或用人单位支付。

生活保障：在停工留薪期内，职业病患者原工资福利待遇不变，由用人单位支付。如因伤残影响工作，可调整工作岗位或享受伤残津贴。

经济补偿：根据伤残等级，职业病患者可一次性领取伤残补助金，标准为本人工资的一定倍数（如“煤炭工尘肺Ⅰ期”为本人 18 个月工资）。

特殊救济措施：额外的“福利包”

除了上述基本权益外，职业病患者还可以享受一些特殊政策的支持。

医疗费用减免：部分职业病患者可享受大病医疗救助、医疗费用减免等政策，减轻医疗负担。

职业康复服务：包括职业功能评估、康复训练、辅助器具配置等，帮助患者恢复工作能力或适应新的工作岗位。

困难救助：对生活困难的职业病患者，政府提供临时救助、最低生活保障等社会救助。

如何申请这些救济：小赵的“康复之路”

化工厂职工小赵因长期接触有毒化学物质，被诊断为职业性化学中毒。让我们看看他是如何获得职业病待遇、申请特殊救济的。

申请职业病待遇：小赵持职业病诊断证明书，向单位申请停工留薪、伤残补助金等待遇。单位按月支付工资，并一次性支付伤残补助金。

申请医疗费用减免：小赵向当地医保部门提交申请，凭借职业病诊断证明和经济困难证明，成功申请到大病医疗救助，部分医疗费用得以减免。

接受职业康复服务：小赵在职业病防治机构进行职业功能评估，接受康复训练，配置了辅助器具。康复期间，相关费用由工伤保险基金支付。

申请困难救助：由于治疗和康复期间收入减少，小赵生活困难，向民政部门申请临时救助和最低生活保障，获得了一定的生活补助。

小赵的故事告诉我们，职业病患者不仅享有法定的职业病待遇与赔偿，还可以申请各类特殊救济措施，为康复之路提供有力支持。因此，职业病患者应积极了解并利用这些政策，为自己撑起“保护伞”，更好地应对疾病带来的挑战。

五、 预防为先，远离工伤与职业病

1. 用人单位的责任：打造“安全堡垒”

用人单位是预防工伤与职业病的第一责任人，应积极履行以下职责。

提供安全工作环境：定期排查、消除工作场所安全隐患，如改善通风设施、设置防护装置、规范物料堆放等，确保劳动者在安全的环境中工作。

定期体检：按照国家规定，组织劳动者进行职业健康检查，及时发现职业禁忌证和职业病早期症状，保护劳动者健康。

职业健康培训：定期开展职业健康知识培训，教育劳动者正确使用防护设备、掌握应急处置技能，提高自我防护能力。

例如，某大型化工企业定期进行安全检查，对生产线进行升级改造，减少有毒有害物质泄漏风险；每年组织员工进行职业健康体检，对检查结果异常的员工及时调岗或治疗；定期举办职业健康讲座，邀请专家讲解防护知识，增强员工防护意识。

2. 劳动者自我保护：做自己的“健康卫士”

劳动者在日常工作中，也应积极采取措施保护自身健康。

正确使用防护设备：如佩戴防护口罩、防护眼镜、防护服、安全帽等，确保设备合身、有效，不随意摘除或弃用。

保持良好的工作习惯：遵守操作规程，不违章作业；保持工作区域整洁，避免滑倒、绊倒等意外；合理安排工作与休息，避免过度疲劳。

定期体检：积极参与单位组织的职业健康检查，关注自身健康状况，发现异常及时就医。

以建筑工地的电工小王为例，他始终坚持佩戴绝缘手套、安全帽，严格按照操作规程进行作业，避免触电、坠落等风险。同时，他每年都会参加单位组织的职业健康体检，及时了解自己的身体状况，做到早发现、早治疗。

3. 知法用法，维护权益：法律是“护身法宝”

最后，鼓励劳动者学习相关法律法规，了解自己的权益，遇到问题时懂得寻求法律援助。

学习法律法规：如《中华人民共和国劳动法》《中华人民共和国职业病防治法》《工伤保险条例》等，了解工伤认定、职业病诊断、待遇申请等规定。

了解权益：知道在遭遇工伤或职业病时，有权享受医疗救治、经济补偿、职业康复等权益，有权要求用人单位提供安全工作环境、定期体检等。

寻求法律援助：如遇权益受损，可向工会、劳动监察部门、法律援助机构等求助，通过协商、调解、仲裁和诉讼等方式维护自身权益。

例如，某纺织厂女工小李在工作中患上职业性皮肤病，她通过学习相关法律法规，了解到自己有权申请职业病诊断、享受职业病待遇。在工会的帮助下，小李成功进行了职业病认定，获得了医疗救治和经济补偿，维护了自己的合法权益。

总之，预防工伤与职业病需要用人单位与劳动者共同努力，打造安全的工作环境，提升自我防护能力，同时学会运用法律武器，共同守护健康人生。

我们一起探索了工伤与职业病的救济途径，从工伤保险的“隐形防护服”到工伤赔偿的法定权益兑现，从职业病的特殊“呵护”到预防为先的健康守则。这些知识就像一盏明灯，照亮了劳动者在遭遇意外伤害或职业病时的“求援之路”。

然而，知识的价值在于运用，更在于预防。衷心希望每一位劳动者能了解这些权益保护方式，但更希望你们永远不会亲身经历。因为，没有什么比健康无恙、笑容常驻更珍贵的了。

信息安全

敏感信息识别与防护全攻略

一、个人信息的重要性

1. 个人信息是个人隐私、生活安宁、财产安全的“守护神”

想象一下，你的名字、身份证号、电话号码、家庭住址等信息，就像你生活中的“密码”，一旦落入不法分子之手，就可能像打开潘多拉魔盒一样，给你的生活带来各种意想不到的麻烦。这就是个人信息的重要性，它不仅是个人隐私的“防火墙”，更是生活安宁、财产安全的“守护神”。

试想一下，如果你的电话号码被泄露，可能会遭遇无休止的推销电话、垃圾短信的狂轰滥炸，甚至成为诈骗分子的“猎物”；如果你的身份证信息被滥用，可能有人会冒用你的身份进行求职、贷款，甚至犯罪，让你无辜“背锅”；如果你的银行账号、密码被窃取，那你的“钱袋子”就可能瞬间被掏空。所以，保护个人信息，就是保护我们自己，让我们的生活免受不必要的困扰和损失。

2. 求职过程中的个人信息风险：网络招聘、简历投递、面试环节的“隐形陷阱”

在求职过程中，个人信息的保护尤为重要。在这个信息时代，网络招聘平台、电子简历、线上面试等已成为求职的主流方式，但同时也为个人信息安全埋下了“隐形陷阱”。

网络招聘平台：虽然提供了海量职位信息，但并非所有平台都能严格遵守个人信息保护法规，一些不正规的平台可能会滥用、泄露求职者的个人信息。

简历投递：你的简历就像一张个人信息的“全景图”，包含大量敏感信息。若不慎落入别有用心之人的手中，后果不堪设想。

面试环节：在面试过程中，部分企业可能会要求提供超出必要范围的个人信息，如家庭情况、健康状况等，如不加辨别，就可能会造成信息过度披露。

3. 案例导入：小王的求职经历与个人信息泄露风波

让我们通过小王的故事，来感受一下求职过程中个人信息泄露的严重性。小王是一名刚毕业的大学生，他在某知名招聘网站投递了几十份简历，期待找到心仪的工作。然而，不久后他发现自己频繁接到各种推销电话，甚至收到了一些陌生人的“问候”，对方竟然能准确地说出他的姓名、毕业院校、专业等信息。小王这才意识到，自己的个人信息在求职过程中可能已被泄露。

小王的遭遇并非个例，而是许多求职者可能面临的现实风险。因此，了解如何在求职过程中保护个人信息，尤其是识别并妥善处理敏感信息，对每一位求职者来说至关重要。接下来，我们将深入探讨敏感个人信息的识别与防护策略，助你在求职路上安全前行。

二、敏感个人信息包括什么？

1. 何为敏感信息？法律视角下的特殊保护对象

敏感个人信息，简单来说就是那些一旦泄露，可能会对个人造成重大影响甚至引发严重后果的个人信息。在法律的“慧眼”下，它们被视为需要特别保护的“VIP”，受到更严格的监管和约束。

2. 敏感信息分类

身份识别类：这是你的“身份标签”，包括姓名、身份证号、护照信息等，它们就像你的“身份证”，能唯一标识你的身份。还有生物识别数据，如指纹、面部特征等，这些信息一旦被他人掌握，就可能被用来冒充你进行各种非法活动。

财务相关类：这是你的“财富密码”，包括银行账号、信用卡信息、财产证明、社保或公积金账号等。这些信息一旦泄露，就相当于把你的“钱袋子”直接交给了别人，可能面临账户被盗、资金被转移的风险。

联系方式类：这是你的“沟通桥梁”，包括电话号码、电子邮箱、家庭或通信地址等。一旦被滥用，你可能会被推销电话、垃圾短信“狂轰滥炸”，甚至成为网络欺诈的目标。

健康状况类：这是你的“健康档案”，包括医疗记录、遗传信息、疾病史等。这些信息关乎你的隐私和尊严，一旦泄露，可能被用于歧视、欺诈，甚至影响你的求职、保险等权益。

其他敏感信息：如家庭成员信息、教育和工作背景、个人信用记录等，它们能勾勒出你的“生活画像”，一旦被不当利用，可能影响你的家庭关系、职业发展，甚至个人声誉。

3. 敏感信息泄露的严重后果

身份盗用：就像电影里的“替身演员”，坏人可能冒用你的身份求职、领工资，甚至开设虚假账户进行非法交易。比如，小李就曾遭遇身份盗用，有人冒充他入职某公司，不仅领走了他的工资，还让他的职业生涯蒙上了阴影。

骚扰滋扰：想象一下，每天被无数推销电话、垃圾短信“狂轰滥炸”，是不是很崩溃？这就是信息泄露可能导致的骚扰滋扰。小张就曾因电话号码泄露，每天接到几十个推销电话，严重影响了他的生活。

名誉损害：如果敏感信息被恶意利用，比如你的疾病史、信用记录被公开，可能会导致他人对你产生误解，甚至歧视，严重影响你的个人声誉。小赵就曾因信用记录被泄露，被朋友误解为“老赖”，名誉大受损害。

财产损失：最直接也最严重的后果就是财产损失。小王的银行账户被盗，数万元存款不翼而飞，只因他的银行账号和密码被不法分子窃取。这样的例子屡见不鲜，让人触目惊心。

综上所述，敏感个人信息关乎我们的生活安宁、个人声誉等多方面的权益，保护好它们，就是保护好我们自己。在接下来的内容中，我们将探讨如何在求职过程中有效地保护这些敏感信息，避免成为下一个“小王”“小李”“小张”“小赵”。

三、求职路上，如何将个人信息“武装到牙齿”

防护策略一：增强个人信息保护意识

1. 了解法律法规：《中华人民共和国个人信息保护法》等法律法规知多少

在个人信息保护的道路上，法律法规就是我们的“导航仪”。比如，《中华人民共和国个人信息保护法》就是一部专门保护我们个人信息权益的“宝典”，它规定了个人信息处理的基本原则、权利义务、法律责任等内容。了解这些法律法规，就像掌握了“防护秘籍”，能让我们在面对个人信息侵权行为时，知道如何判断、如何应对。

2. 自我保护意识培养：警惕“免费午餐”，学会辨别信息收集的正当性

在求职过程中，可能会遇到各种“免费午餐”式的诱惑，比如填写问卷赠送礼品、下载 APP 换取优惠等，但往往需要提供大量个人信息。这时，我们要警惕“天下没有免费的午餐”，学会辨别信息收集的正当性。

如果对方索要的个人信息与提供的服务明显不匹配，或者对信息的使用、存储、保护等没有明确说明，那就要提高警惕，避免“贪小便宜吃大亏”。

防护策略二：精准投递，合理披露

1. 不泄露非必要信息：简历制作的“减法艺术”

制作简历就像做一道“减法题”，只保留与求职岗位直接相关的信息，避免“画蛇添足”。比如，应聘设计师岗位，就没必要提供你的健康状况、家庭成员等信息。记住，简历不是个人信息的“展览馆”，而是你的“职业名片”，突出重点、删繁就简，才能更好地保护个人信息。

2. 选择正规招聘平台：平台资质、用户评价、隐私政策怎么查

选择招聘平台就像挑“相亲对象”，要“货比三家”。首先，看平台是否有合法资质，是否在相关部门备案；其次，参考其他用户的评价，看看平台口碑如何；最后，仔细阅读平台的隐私政策，看它如何收集、使用、保护个人信息。如果发现平台对个人信息保护“含糊其词”，或者用户评价中频繁出现信息泄露问题，那就要慎重考虑了。

防护策略三：技术手段加持，加密防护

1. 设置复杂密码：密码强度、定期更换、不同平台不同密码

密码就像个人信息的“锁”，越复杂，越安全。建议使用包含大小写字母、数字、符号的组合，长度至少 8 位，且定期更换。同时，不同平台使用不同的密码，避免“一把钥匙开所有门”，一旦一个平台密码被盗，其他平台也能安然无恙。

2. 使用加密技术：电子简历加密发送、云存储加密保存

加密技术就像给个人信息穿上“隐身衣”，让不法分子无从下手。发送电子简历时，可以使用加密邮件或文件加密软件；保存简历时，选择支持加密功能的云存储服务，确保即使云盘被攻破，个人信息也能安然无恙。

防护策略四：法律武器在手，维权有道

1. 了解维权途径：投诉举报、民事诉讼、刑事报案

如果不幸遭遇个人信息泄露，别慌，法律就是你的“武器库”。可以向相关部门投诉举报，要求查处侵权行为；也可以提起民事诉讼，要求侵权方赔偿损失；若情节严重的，还可以向公安机关报案，追究其刑事责任。

2. 如何寻求法律帮助：咨询专业律师、联系消费者权益保护机构

面对复杂的法律问题，专业律师就是你的“指路明灯”。可以通过电话咨询、线上平台、律师事务所等方式寻求专业法律意见。此外，消费者权益保护机构如消费者协会等，也是你维权的好帮手，他们能提供咨询、调解、支持诉讼等服务，帮你依法维权。

通过以上策略，我们就能像“武装到牙齿”一样，全方位保护个人信息，让求职之路更加安全、安心。

四、 案例解析：前车之鉴，后事之师

成功案例：小李的个人信息“防护战”

1. 案例描述：小李如何在求职过程中巧妙保护个人信息

小李，一位精明的求职者，他的个人信息保护之道堪称教科书级别。在制作简历时，他只提供与应聘岗位密切相关的个人信息，如教育背景、工作经验等，对健康状况、家庭情况等敏感信息“守口如瓶”。在选择招聘平台时，他仔细查看平台资质、用户评价和隐私政策，最终选择了一家口碑良好、信息安全措施完善的平台。

在投递简历时，小李使用加密邮件发送电子简历，并将简历文件设置为“只读”，防止信息被篡改。他还为每个招聘平台设置了不同的登录密码，并定期更换，确保账户安全。此外，小李还密切关注个人信息保护的相关法律法规，遇到可疑的招聘信息或要求，他都会先查阅法律条款，判断其是否合法。

2. 成功经验：策略运用、风险识别、及时应对

小李的成功经验可以总结为以下三点。

策略运用： 简历“减法艺术”、选择正规平台、加密防护技术，这些策略他运用得游刃有余。

风险识别： 他能敏锐识别求职过程中的信息风险，如过度索要个人信息、不明来源的招聘信息等，做到“火眼金睛”。

及时应对： 面对可能的侵权行为，小李能迅速查阅法律法规，及时采取应对措施，将风险降到最低。

警示案例：小赵的个人信息泄露风波

1. 案例描述：小赵求职过程中遭遇信息泄露，引发了一系列问题

小赵在求职过程中就没那么幸运了。他制作的简历“大而全”，几乎涵盖了所有个人信息，包括身份证号、家庭地址、健康状况等敏感信息。他在一个不知名的招聘网站投递了简历，不久后就频繁接到推销电话。

2. 教训反思：过度披露个人信息，轻信不明来源的招聘信息，忽视信息安全防护

小赵的教训值得我们深思。

过度披露： 他在简历中过度披露个人信息，尤其是敏感信息，为信息泄露埋下隐患。

轻信不明来源的招聘信息： 他选择的招聘网站资质不明，用户评价

差，对个人信息保护缺乏有效措施。

忽视信息安全防护：他没有使用加密技术发送简历，也没有定期更换密码，对信息安全防护不够重视。

3. 事后补救：小赵如何通过法律途径挽回损失、维护权益

遭遇信息泄露后，小赵没有坐以待毙，而是积极寻求法律帮助。他首先向消费者协会投诉，要求查处侵权网站；同时，他聘请律师，向冒领工资的公司提起民事诉讼，要求赔偿损失。经过一番努力，小赵成功追回了被冒领的工资，并促使侵权网站进行了整改。

小赵的案例告诉我们，如果遭遇信息泄露，要勇敢拿起法律武器，维护自己的合法权益。同时，更要从他的教训中吸取教训，做好个人信息保护，避免重蹈覆辙。

五、结语

1. 求职之路，安全先行：个人信息保护，从我做起

求职之路，就像一场“信息保卫战”，而你，就是这场战役的“指挥官”。记住，安全先行，个人信息保护，从我做起。从简历制作的“减法艺术”，到选择正规招聘平台，再到运用加密技术，每一个环节都需要你的精心“布防”。只有这样，才能在求职的战场上既能展示自己的才华，又能守护好个人信息这座“城堡”。

2. 持续学习，与时俱进：关注法律法规更新，提升个人信息保护能力

法律，就像个人信息保护的“指南针”，指引着我们前行的方向。随着社会的发展，法律法规也在不断地更新和完善，比如最近出台的《中华人民共和国个人信息保护法》，就是我们个人信息保护的“新武器”。因此，我们要持续学习，与时俱进，关注法律法规的更新动态，不断提升自己的个人信息保护能力。

求职之路，既要追求职业梦想，也要守护个人信息安全。让我们持续学习，用法律的“铠甲”武装自己，让求职之路更加安心、顺畅。记住，保护个人信息，你我都是主角！

第十二章

薪资与福利

看似简单，实则满是学问

一、工资支付周期

1. 定义与法律规定

工资支付周期，就像你“钱袋子”的心跳，是指老板给你发工资的固定时间间隔。《中华人民共和国劳动法》对这个节奏有明确的规定：工资应当至少每月支付一次，且支付日期应当固定。也就是说，不管你是在咖啡馆做甜品师，还是在大公司做程序员，老板都不能任性地想什么时候发工资就什么时候发，必须按月给你“打钱”，而且这个“打钱日”得固定下来，让你心里有数。

2. 常见周期类型

工资支付周期主要有以下几种。

按月支付：这是最常见的类型，大多数上班族会在每月固定的一天收到工资，比如每月 15 日或月底。这种周期适合工作稳定、收入相对固定的岗位。

按周支付：常见于餐饮、零售等服务业，员工每周工作结束后就能领到工资，适合短期、灵活就业者。

按日支付：主要针对日结工或临时工，干一天活领一天工资，简单直接。

当然，实际工作中还可能遇到一些特殊情况，比如项目结算或提成发放。如果你是销售员，可能需要等项目完成或合同签订后，才能拿到提成；如果你是设计师，可能需要等客户确认设计方案后，才能收到项目尾款。在这些情况下，工资发放可能与常规周期不同，但同样应遵循“按时足额”的原则。

3. 案例解析

让我们来看一个实际案例。小王在一家广告公司做设计师，公司规定每月 10 日发工资。然而，某个月的 10 日，小王的工资却迟迟未到账。他询问人事部门，得到的答复是“公司资金周转困难，工资要推迟一周发放”。

小王想起劳动法的规定，知道公司无权随意延期发工资。于是，他先以书面形式向公司正式提出支付工资的请求，并明确告知若不按时支付，他将向劳动监察部门投诉。同时，小王收集了劳动合同、工资条等相关证据。

在小王的坚持下，公司意识到问题的严重性，最终在原定支付日后的第三天将工资全额发放给了小王。这个案例告诉我们，即使面对工资延期发放的情况，只要我们了解并运用法律知识，也能成功捍卫自己的“钱袋子”。

总之，工资支付周期关乎你的生活节奏和经济权益。记住，无论工资是按月、按周还是按日支付，都应遵循“支付日期固定”的法律规定。遇到工资延期发放时，别慌，用法律武器保护自己，让“钱袋子”准时、足额跳动起来！

二、年假待遇：你的“法定假期”计算器

1. 年假天数计算公式

年假，就是你每年依法享有的“带薪休假”，是工作生活中的“充电站”。它的天数与你的工龄密切相关：

工作满 1 年不满 10 年：年假 5 天；

工作满 10 年不满 20 年：年假 10 天；

工作满 20 年及以上：年假 15 天。

举个例子，如果你已经工作了 7 年，那么你每年就有 5 天年假；如果你已经工作了 16 年，那么你每年就有 10 天年假。简单来说，工龄越长，年假天数越多，让你有更多的时间去旅行、陪伴家人或单纯地放松休息。

2. 年假安排与折算

知道了自己的年假天数，接下来就是如何申请和使用了。一般来说，需要提前向公司提交年假申请，公司会根据工作安排进行审批。如果公司因工作需要无法批准你连续休年假，可以与你协商分段安排，但应保证你当年能休完。

如果年假没休完，别担心，你的权益不会“打水漂”。法律规定，未

休的年假可以依法折算成工资。计算公式通常是：（未休年假天数 × 日工资标准）×300%。这里的“日工资标准”通常是指你本人的月工资除以 21.75 天（法定月计薪天数）。也就是说，未休年假不仅可以拿回工资，还能享受额外的补偿。

3. 案例分享

老李在某公司工作了 18 年，按规定享有 10 天年假。由于工作繁忙，当年只休了 5 天，剩余 5 天未休。年底结算时，老李发现公司并未对未休年假进行补偿。他向公司提出异议，但公司以“年假过期作废”为由拒绝。

老李了解到自己的权益后，决定通过法律途径维权。他向劳动监察部门投诉，并提供了劳动合同、工资单、年假申请记录等证据。最终，劳动监察部门介入调解，公司认识到错误，按照法定标准向老李支付了未休年假的经济补偿。

这个案例告诉我们，年假是你的法定权益，即使工作再忙，也要记得合理安排、充分利用。如果遇到公司不按规定安排年假或不支付未休年假补偿的情况，勇敢地拿起法律武器，你的“法定假期”计算器一定会给你一个公正的答案！

三、五险一金：法定福利解读

1. 五险一金概述

五险一金，就像你生活中的“防护盾”，为你遮风挡雨，保驾护航。它们分别是以下保险。

养老保险：工作时你和单位共同缴纳，退休后你可以按月领取养老金，保障晚年生活。

医疗保险：生病住院时，能报销一部分医疗费用，减轻你的经济负担。

失业保险：失业期间，符合条件的可以领取失业金，帮你度过暂时的就业困难。

工伤保险：工作中发生意外伤害或患职业病，能获得医疗救治、生活保障甚至一次性赔偿。

生育保险：女员工生育时，能享受生育医疗费用报销和生育津贴，男员工的配偶生育时也能享受部分待遇。

住房公积金：用于购房、租房、装修等住房相关支出，单位和个人共同缴纳，享受低利率贷款优惠。

这些福利都是法定强制的，也就是说，无论你在哪里工作，单位都必须为你缴纳。缴纳比例通常由国家规定，单位和个人按一定比例分担。享受待遇则根据各地政策和你个人情况有所不同。

2. 补充医疗保险与企业年金

补充医疗保险和企业年金，就像“防护盾”的升级版，虽然不是法定强制，但能提供更全面、更个性化的保障。

补充医疗保险：在基本医保基础上，进一步报销医保目录外的药品、诊疗项目等，让你看病更安心。

企业年金：单位自愿设立的补充养老保险，工作期间单位和个人共同缴费，退休后可领取，增加你的养老金收入。

这两项福利由单位自愿提供，具体待遇取决于单位的福利政策。如果有，那真是“锦上添花”，让你的保障更上一层楼。

3. 案例分析

让我们通过几个实际案例，看看“五险一金”及补充医疗保险和企业年金，如何在关键时刻发挥作用。

生病的小张：小张不幸患上重病，医保报销了大部分医疗费用，补充医保又覆盖了部分自费药，大大减轻了他的经济压力。

购房的小王：小王用公积金贷款买房，利率比商业贷款低很多，每月还贷压力小，还能提取公积金支付装修费，轻松实现安居梦。

退休的李阿姨：李阿姨除了领取基本养老金，还有企业年金作为补充，晚年生活更有保障。她感慨：“年轻时单位给缴的这些保险金，现在都变成实实在在的‘养老金’了！”

通过以上案例，我们可以看到，“五险一金”及补充医疗保险和企业年金，在生病、购房、退休等关键时刻都能发挥重要的保障作用。了解并充分利用这些福利，能让我们的生活更加安稳、有保障。

四、 法定待遇与自愿福利：明确你的权益边界

1. 区分法定待遇与自愿福利

在职场上，你的权益就像一个“礼包”，里面既有法律规定必须提供的“标配礼品”，也有企业自主赠送的“额外惊喜”。区分这两类待遇，能帮助你更好地识别并合理期待自己的权益。

法定待遇：这是法律为你准备的“硬核保障”，包括前面提到的工资支付周期、年假待遇、五险一金等。无论单位大小、行业如何，只要你与单位建立了劳动关系，这些待遇就是你的“标配权益”，单位必须无条件提供。

自愿福利：这是单位根据自身情况，自愿提供的额外福利，如补充医疗保险、企业年金、员工旅游、节日福利、免费午餐等。这些福利没有法律规定，全看单位“心情”和“实力”，有则锦上添花，没有也不影响你的基本权益。

所以，找工作时既要关注法定待遇是否齐全，也要了解单位的自愿福利有哪些，综合评估后再做选择。记住，法定待遇是你的“底线权益”，任何单位都不能触碰；自愿福利则是“加分项”，可以作为你衡量工作满意度的参考。

2. 知晓权益，依法维权

了解权益边界后，接下来就是如何保障我们的权益不被侵犯。这里有几个实用小贴士。

定期查账：养成定期查看工资单、社保缴纳记录的习惯，确保工资发放、社保缴纳符合法律规定，没有“缺斤短两”。

发现问题，及时沟通：如果你发现工资、年假、社保等方面存在问题，首先与单位人事部门或直接上级沟通，了解原因，寻求解决办法。

依法维权：如果单位未能妥善解决你的待遇问题，别慌，法律给了你“武器”。你可以向当地劳动监察部门投诉，请求他们介入调查；也可以申请劳动仲裁，通过法律途径维护权益。记住，维权时要提供劳动合同、工资单、社保记录等相关证据。

举个例子，小赵发现单位连续三个月未给他缴纳社保，他先与人事部门沟通，但问题未得到解决。于是，小赵收集好相关证据，向劳动监察部门投诉。在监察部门的介入下，单位认识到错误，不仅补缴了社保，还向小赵道了歉。这个案例告诉我们，面对待遇问题，我们要敢于且善于依法维权，让权益不再“打折扣”。

区分法定待遇与自愿福利，能帮助你清晰认识自己的权益边界。同时，定期查账、及时沟通、依法维权，都是保障我们权益的有效手段。了解并运用这些知识，让你在职场上更有底气，做自己权益的守护者！

五、 笑着说分手——如何从容面对裁员

认识“裁员”

裁员的实质是“企业主动与员工解除劳动合同”。裁员几乎是人人喊打的，可是企业经营往往面临各种挑战，“一刀切”禁止裁员肯定不符合市场经济的一般规律。

劳动合同的解除主要有以下几种方式。

1. 协商解除

如果雇主和员工达成一致，可以取消合同。这是一种友好分手的方式。只要雇主提出的条件员工能够接受，双方达成一致就可以取消合同。需要注意的是，有些企业利用自身的强势地位，在员工没有搞清楚自己能获得什么赔偿的情况下，编造法律规定，诱骗员工签下不合理的解除协议，后续等劳动者回过味来往往悔之晚矣。还有些企业利用员工“耗不起”的心理，拿出一副死猪不怕开水烫的架势，威胁员工如果不接受协议就只给基本薪资甚至最低薪资，让员工花时间去走仲裁和诉讼，短则半年，长则可能达两年，很多员工被迫不情不愿地接受“不平等条约”。

2. 员工解除劳动合同

这里分为主动解除劳动合同和被迫解除劳动合同。主动解除很好理解，就是员工如果决定辞职，需要提前 30 天书面通知雇主。如果是试用期内，提前 3 天通知即可。而员工被迫解除劳动合同，指的就是雇主要赖、欺人太甚等情形。比如雇主未按合同提供劳动保护、未及时支付工资、未缴纳社保，或者有其他违法行为，员工可以随时解除合同。常见情况有：雇主将员工调到一个与合同约定八竿子打不着的工作岗位，或者将员工调动到异地工作，殊不知这些都是违反劳动合同的行为，员工都可以要求企业赔偿。

3. 因劳动者过失，用人单位可以无责解除劳动合同

劳动者在试用期间被证明不符合录用条件的；劳动者严重违反用人单位的规章制度或者严重失职，徇私舞弊，给用人单位造成重大损害的；劳动者同时与其他用人单位建立劳动关系，对完成本单位的工作任务造成严重影响，或者经用人单位提出拒不改正的；劳动者以欺诈、胁迫的手段或者乘人之危，使对方在违背真实意思的情况下订立或者变更劳动合同的；劳动者被依法追究刑事责任的。在这些情况下，用人单位可以解除劳动合同。

4. 非劳动者过失，用人单位主动解除劳动合同

如果员工因疾病或非工伤事故，在医疗期结束后仍不能从事原工作，或者不能从事用人单位重新安排的工作，用人单位可以提前 30 天书面通知员工解除劳动合同。此外，如果员工在经过培训或岗位调整后仍不能胜任

工作，用人单位也有权解除合同。最后，如果劳动合同签订时所依据的客观情况发生了重大变化，导致合同无法履行，并且用人单位与员工协商未能达成变更协议，用人单位同样可以解除合同。在这些情况下，用人单位可以选择提前通知员工或支付一个月工资作为补偿。

5. 经济性裁员

在经济性裁员的情况下，如果用人单位需要裁减 20 人以上或少于 20 人，但占职工总数的 10% 以上，必须提前 30 天向工会或全体职工说明情况，并听取他们的意见。裁员方案还需向劳动行政部门报告。裁员的原因可能包括企业重整、生产经营困难、转产或技术革新等。在裁员时，用人单位应优先考虑保留与单位签订长期合同的员工、无固定期限合同的员工，以及家庭中没有其他就业人员且有老人或未成年人需要抚养的员工。此外，如果用人单位在 6 个月内重新招聘，应通知被裁减的员工，并在同等条件下优先考虑他们。

6. 禁止解除劳动合同的情形

如果员工从事可能接触职业病危害的工作，且未进行离岗前的职业健康检查，或者在诊断或医学观察期间疑似职业病患者，用人单位不得解除合同。同样，如果员工因工负伤或患有职业病，丧失或部分丧失劳动能力，或在规定的医疗期内患病或非因工负伤，女职工在孕期、产期、哺乳期，或在单位连续工作满 15 年且距离法定退休年龄不足 5 年的，用人单位也不得解除劳动合同。

7. 用人单位违法解除劳动合同

用人单位违反法律、行政法规规定或者劳动合同约定的，工会有权要求用人单位纠正。用人单位应当研究工会的意见，并将处理结果书面通知工会。这些规定体现了法律对劳动合同解除和终止过程中双方权益的保护，确保了解除合同的合理性和公正性。用人单位在解除劳动合同时，必须严格遵守法律规定，合理行使解除权，同时保障员工的合法权益。

面对裁员怎么办？

首先，要摆正心态，天塌不下来。面对公司人力部门冰冷的通知，我们一定不要轻易在任何文件上签字，否则，很可能就会稀里糊涂地把辞退变成“自愿辞职”。

其次，在见到书面辞退通知之前，不要因为一句口头通知就不去上班了，不然很可能会以“旷工”而被辞退。

如何搜集证据？

首先要找到劳动合同。劳动合同是最重要的证据之一，能够证明你与公司之间的劳动关系。劳动合同的原件一定要拿到手。合同持续的时间、工资待遇等重要信息不是没有其他证据能够证明，只是劳动合同最直观、最省事。

其次是工资记录，包括工资条、工资银行转账记录、纳税记录等，可以用于计算经济补偿金、赔偿金等。另外还有工作沟通和考勤记录，能够证明加班情况等方面的证据。

关于电子证据，因为电子证据容易变化和灭失，一定要尽早确认，并且保存好原始的储存介质。公司系统内的电子材料，离职之后就没有权限提取，一定要采取录屏的方式予以固定（甚至可以采用市场上很多录屏取证软件）。

关于偷录的证据，只要是在公司或者其他公共场所录音、录像的，在不侵犯他人隐私权的前提下，都不算违法，都可以当作证据使用。但一定要注意录音、录像要完整，要能体现对方的身份。声音鉴定特别麻烦，现实中耗时耗钱，基本不现实。

裁员赔偿有哪些？

N、N+1、2N 这些赔偿的说法都有，很容易把人看晕。其实经济补偿的计算方法是“劳动者在劳动合同解除或者终止前 12 个月的平均工资”乘以“劳动者在本单位的工作年限”。为了表述方便，前者用“S”代称，后者用“N”代称。通用的计算公式为：补偿金 =S×（N+X）。

S 即劳动者在劳动合同解除或者终止前 12 个月的平均工资，这里的“工资”不仅仅指“基础工资”，是指用人单位依据国家有关规定或劳动合同的约定，以货币形式直接支付给本单位劳动者的劳动报酬，一般包括计时工资、计件工资、奖金、津贴和补贴、延长工作时间的工资报酬以及特殊情况下支付的工资等。这个数字不是无限高的，劳动者月工资高于用人单位所在直辖市、市级人民政府公布的本地区上年度职工月平均工资 3 倍的，向其支付经济补偿的标准按照职工月平均工资 3 倍的数额支付，且最高不超过 12 年。

N即按劳动者在本单位的工作年限，以每满1年支付1个月工资的标准向劳动者支付。6个月以上不满1年的，按1年计算；不满6个月的，向劳动者支付半个月工资的经济补偿。

那X是什么呢？就是法律规定的种种赔偿情况。正常情况下，X=0，下面列举两种特殊情况。

（1）X=1的情况，即赔偿为S×（N+1）。《中华人民共和国劳动合同法》第四十条中的3种情况，会涉及N+1：

劳动者患病或者非因工负伤，在规定的医疗期满后不能从事原工作，也不能从事由用人单位另行安排的工作的；

劳动者不能胜任工作，经过培训或者调整工作岗位，仍不能胜任工作的；

劳动合同订立时所依据的客观情况发生重大变化，致使劳动合同无法履行，经用人单位与劳动者协商，未能就变更劳动合同内容达成协议的。

（2）X=N的情况，即赔偿为S×2N。即用人单位违法解除合同的情况，比如说，未支付劳动报酬、未缴纳社会保险等。

劳动仲裁与诉讼该提什么诉求？当企业违法解除合同的时候，S×2N的赔偿有时候确实有吸引力。可对于工作年限短的小伙伴，这个N太小了，翻倍以后也没多少，我们还有别的选择吗？当然有，那就是要求用人单位继续履行劳动合同。《中华人民共和国劳动合同法》第四十八条："用人单位违反本法规定解除或者终止劳动合同，劳动者要求继续履行劳动合同的，用人单位应当继续履行；劳动者不要求继续履行劳动合同或者劳动合同已经不能继续履行的，用人单位应当依照本法第八十七条规定支付赔偿金。”

许多员工在面对非法解除劳动合同时，倾向于选择赔偿金而非继续履行劳动合同，这种选择因人而异。首先，要求继续履行劳动合同需要证明这个合同还有履行的可能，比如说企业还有这个部门等，往往比获得赔偿金的支持更具挑战性。此外，如果能在其他地方快速就业，拿钱走人往往比和企业死磕更有性价比。但对于某些特殊群体，如处于孕期、产期、哺乳期的女职工，继续履行劳动合同通常是更有利的选择。这不仅因为她们重新就业的难度较大，而且如果单位在诉讼期间败诉，还需支付员工这段时间的工资，这对员工来说也是一种保障。

已经被裁员，怎么办？

别忘了我们还有相对完善的职业社会保障体系，这可能会成为你前后两份工作之间的生活保障。

失业登记和领取失业保险金是为失业人员提供的一种社会保障措施。如果你的前雇主为你缴纳了至少一年的社会保险，并且在被裁员的情况下，你将有资格申请失业保险金。虽然这笔钱可能不多，但可以在你寻找到下一份工作时减轻一些经济负担。

失业登记相当于国家层面对失业者的支持。通过登记，失业者可以免费获得职业指导、职业介绍、就业创业政策咨询等服务。这些服务是由我们缴纳的税款支持的，所以不妨充分利用。

要领取失业保险金，你需要先完成失业登记。人力资源和社会保障部已经推出了线上失业登记的全国统一服务平台，你可以在线申请登记并查询进度。只需按照流程填写《失业人员登记表》并承诺信息真实性，无须提交其他材料。相关部门会通过信息比对审核登记信息，如果需要，工作人员可能会进行调查核实。

领取失业保险金的条件包括：按规定参加失业保险并缴费满一年；失业非出于个人意愿；已经完成失业登记。不同地区的办理流程和条件可能有所不同，你可以通过上述网站尝试操作，或电话咨询当地人力资源部门。

另外，《解除（终止）劳动关系证明书》在一些地方是必需的，以证明失业非出于个人意愿。如果是第一次开具此类证明，建议先联系人力资源部门确认证明书的格式和内容。

失业金的领取期限根据失业前累计缴费年数确定，从 3 个月到最多 24 个月不等。如果再次失业，缴费时间将重新计算，但领取期限可以与之前的未领完期限合并，最长不超过 24 个月。每月领取的额度通常是当地最低工资的一定比例。

有些人担心领取失业金会影响未来找工作，但实际上，招聘专员无法查询你是否领取过失业金，国家也有保密义务。此外，如果在领取失业金期间找到新工作，人社局会要求退回多领的部分。

至于社保问题，断缴社保将会影响你享受社保待遇，如医疗、养老、生育、失业和工伤保险。此外，社保缴纳年限还可能影响你在一些城市的落户、购房（车）、子女入学等。因此，即使在失业期间，也应尽量保持社保的连续缴纳。面对社保断缴的情况，及时补缴或续缴是非常重要的，这不仅关系到社保待遇的连续性，还可能影响个人的长期福利。

补缴社保

（1）时间限制：个人补缴情况下，如果你的社保断缴时间在 3 个月以内，把断缴月份补缴即可，补缴后可以继续累计缴费年限。如果超过 3 个月的，就要重新计算缴费年限。若是单位补缴，则一般没有时间限制。

（2）养老和医疗保险：这两种保险是按累计缴费年限计算的，即使中途断缴，只要在退休前累计缴满规定的年限，退休后依然可以享受相应的待遇。

续缴社保的方法

（1）自行参保：如果你是灵活就业人员，比如兼职工作者或个体工商户，你可以自行到税务部门或社会保险经办机构办理参保手续。但需注意，通常情况下，个人只能参加医疗保险和养老保险。

（2）通过人力资源代理公司：如果你希望像在公司工作时一样，继续缴纳包括五险一金在内的社保，可以考虑找人力资源代理公司代为缴纳。

（3）新单位缴纳：如果你在断缴社保后的 3 个月内找到了新的工作，你可以与新公司协商，由你承担断缴期间的全部费用，然后由公司出面代为补缴。

无论是补缴还是续缴，都需要尽快行动，以确保你的社保权益不受影响。此外，如果你对具体的补缴或续缴流程不太了解，建议咨询当地的社保机构或人力资源代理公司，以获取详细的指导和帮助。这样做可以避免因不了解规定而错失补缴或续缴的机会。记住，社保是保障你未来生活的重要手段，妥善处理断缴问题，对你的长期利益至关重要。

最后，愿大家都能成为劳动“法师”，坚决捍卫自身的权利。